漂流記《ひょうるき》

私の活動と研究の素描

寿台順誠

22世紀アート

衆生《しゅじょう》、妄愛《もうあい》の迷心《めいしん》をもって六道《ろくどう》に漂流《ひょうる》す。

（善導『観経疏』「定善義」）

まえがき

本書は私の自分史の一端を記したものです。これまで私は、70歳になって状況が許せば、自分史を書いてみたいと思ってきました。それが、今回、これまで三冊の本を出してきた22世紀アートから勧められて、思っていたよりも早く自分史を書くことになったわけです。少し早かったかもしれない、という思いもないわけではありません。が、私も65歳を過ぎて「高齢者」の仲間入りをしましたので、このあたりで来し方を振り返ってみるのは、行く末を見据えていくためにも、意味深いことだと思ったのです。

ただ、自分史全体を詳細に書くような準備は、まだできていません。従って、本書では1980年代以後の私の社会的な活動と研究の歴史に焦点をしぼり、その中でも事柄を限定して述べることにしました。そのような意味において、本書では私の活動と研究の歩みを、①仏教者として社会的な活動に関わった1980年代、②国会議員秘書を経て法学研究・人権研究をするに至った1990年代、③日本仏教を中心にして宗教について考えた2000年代、そして④生命倫理研究を始めた2010年代以降、という4つの時期に分けて、各々に1章をあてることにしました。

私は本書の中で、かつて私がほんの一時期を過ごした家に「漂流舎（ひょうりゅうしゃ）」と名づけたこと、そしてその家を棄てたことの顛末を記しております。また、私が18歳から42歳までの24年間に25回の引っ越しを繰り返したことにも触れており、それを「漂流」と表現しています（本書では一々の引っ越しについて詳しく述べているわけではありませんが）。さらに、42歳で現在の光西寺に定住したら、今度は「研究漂流」（研究テーマを転々と変えること）が始まったということも記しています。そこで、私は私の自分史を『漂流記』と名づけることにしました。

但し、本書は私の自分史の最初の一歩を記すものに過ぎず、私の活動と研究について要点をかいつまんで述べたものに過ぎませんので、『私の活動と研究の素描』というサブタイトルを付けることにしました。私はできれば、今後も続編を書いていきたいと思っていますが、その際に参考にさせていただきたいので、本書をお読みになって何か思われることがあれば、下記のメールアドレスに御意見・御批判などをお寄せ下さい。

また、本書のタイトルは、仏教用語は呉音で読むという習慣に従って、「ひょうるき」

と読むことにしますけれども、「漂流」をごく一般的な言葉として使用する場合には「ひょうりゅう」と読むことにします。読み方は必要に応じてその都度（ ）に示しておくつもりですが、読み方が付されていない場合は、どちらで読んでいただいても結構です。

ところで、なぜ私がこのようなものを今後も書き続けたいと思っているのかというと、冒頭に掲げた善導の言葉に示されるように、「漂流（ひょうる）」とは「妄愛の迷心」（無明・渇愛の煩悩）によって「六道」（地獄・餓鬼・畜生・修羅・人間・天上）輪廻の迷いを繰り返す私自身を表現する言葉であるところ、もし私がこの迷いの世界を超え出て悟りの世界に往く道があるとすれば、それはこの漂流（ひょうる）の足跡をすべて吐き出すことによってだと思うからです。

長年自分のこだわっていること（執着）について書いたり、語ったりして表現し切った時、そこに表現された自分は既に過去のものとなっているのであって、その結果として誕生する自分は新しい自分であるということは、時として人が体験することではないでしょうか。新しい自分は、そのように過去の自分を乗り超えることによって初めて得られるものだと思うのです。

最後にもう一つお断りしておきたいことがあります。本書では、他の人の書いているものを引用したり、紹介したりする場合でも、その出典は示さないことにしました。学術論文を書く場合には、それは許されませんが、本書では出典などを細かく示すことによって、読みにくいものになることは避けた方がよいと思ったのです。

ただそうは言っても、盗作・盗用や剽窃は許されるものではありませんから、本書では読みやすさを考えて詳しい出典などは省いてありますが、人の考えを私の考えであるかのようにして述べることは、注意深く避けたつもりです。つまり、人の見解の引用や紹介をする場合は、最低限、私ではない誰かが言っていることだということまでは分かるようにしてありますが、誰がどのような本や論文で言っていることなのかについての詳細は省いてある場合が多いということです。

そこで、もし本書に述べてあることで、これは誰がどこで言っていることなのかを知りたいと思われる方も、どうぞ遠慮なく下記に連絡していただければと思います。

なお、現在私の戸籍上の姓は婚姻によって「渡邉」となっていますが、個人としては常に旧姓である「寿台」を通称使用していますので、本書でもそうすることにしたということを付記しておきたいと思います。

以上、本書のようなものを出せることを、少し恥ずかしいとは思いながらも、心より喜んでいるしだいです。22世紀アートの関係者には感謝したいと思います。

２０２３年10月19日66歳の誕生日に

寿台順誠

【連絡先メールアドレス】junseijudai@gmail.com

表紙画像：『チベット・セラ寺の六道輪廻図』より

目次

はじめに　前史――生い立ちから最初の大学まで

私は、１９５７年10月19日に、名古屋市中川区の正雲寺という寺に次男として生まれました。上には三つ違いの兄（寿台順潮）がいます。

私が小学六年生になったばかりの頃だったと記憶しますが、母に次のようなことを言われました。「今年は、お兄ちゃんは高校受験で大変だから、あなたがお母さんの手伝いをするようにしてちょーだい」と。兄は寺の跡継ぎであり、また小・中学校の頃は成績も良かったので、両親（寿台順祐・かくの夫妻）から大変期待されていたのです。

しかし、当時、私は兄の隣の部屋で寝起きしていましたので、兄が夜もあまり勉強していないのは私には分かっていました。親の期待を重荷に感ずるばかりで、かえって勉強も手に付かなかったのかもしれません。おそらくそのせいだと思いますが、何かあると私は兄に当たられて、暴力を振るわれることさえありました。

ちらほらと雪が舞う冬の寒い晩のことでした。私は兄に殴られて外に放り出されたことがありました。その時、私は裸足のまま泣きながら外に寝転んで、雪が顔にかかるのを感じつつ、「もう絶対に母の手伝いなどはしない」と心に決めたのを覚えています。それまでは、その年度初めに母から言われた通り、私は客にお茶を出すなどの手伝いをするようにしていたのです。

兄は結局、第一志望の高校には行くことができませんでした。それについては、私には「ざまあみろ」という思いがありました。が、私は小学校の頃は成績が悪かったので、両親からは何も期待されていませんでした。中学生になったばかりのある晩、「上の子は（第一志望でなくても）何とか公立高校には行けたけど、下はあれじゃあ公立には行けないだろう」などと隣の部屋で両親が話しているのを、私は聞いてしまいました。名古屋では東海高校などほんの一部の私学を除けば、進学校はほとんど公立高校だったのです。

それを聞いて私は、何とかして受験で兄に勝たねばならないと思うようになりました。そうしないと、私の生き場所がないと感じたのです。そして、幸い中学に入ると成績もよくなってきたので、私は高校受験では少し頑張って兄が行きたくて行けなかった高校（名古屋市立向陽高校）に入ることができました。生まれて初めて兄に勝てたのです。

その次は大学受験でした。生家の寺は真宗大谷派で、父も兄も親類の寺の従兄弟たちも、男子はほとんどの人が当然のごとく大谷大学に行きました。私は宗門大学に行ったのでは、いつまで経っても兄のスペアのように扱われると思い、大谷大学だけには行きたくありませんでした。また、本山（東本願寺）のある京都ではなくて、できれば東京の一般大学に行きたいと思うようになりました。ただ東京の大学に行くなら、それなりに有名なところに行かなければ許されないと思いましたが、私は理数系が苦手だったので、志望校を早稲田大学第一文学部に絞ることにし、それで合格することができました。

しかし、そのように兄にさえ勝てばよいというような狭い了見から決めた進学でしたので、大学に入った時点で目標を失ってしまい、入学してからはまともに勉強もせず、遊び暮らすことしかなくなってしまいました。従って、最初の大学生活は散々なものになってしまったのでした（もちろん、自由な大学生活にはそれなりに楽しいことも多かったですし、ある意味、人生を決定づけるような恋もしました。が、今は省きます）。

第１章　１９８０年代　仏教者として社会的な運動に関わった時代

■求道の始まり――卒業論文を契機に名古屋に帰る

前述のように最初の大学生活は全くダメなものだったのですが、それでもせっかく大学に入ったのだからやはり勉強しなければと思うようになったのは、１９８０年に卒業論文を書かねばならなくなった時でした。私が入った頃の早稲田の文学部は三年生から専攻に上がることになっていたのですが、遊び暮らした付けが回ってきて私は専攻に上がる前に一年留年してしまいましたので、希望の専攻には行けませんでした。それで第二外国語がドイツ語だったというそれだけの理由で、ドイツ文学専攻に行くことになったのです。そんなことですから、卒業論文のテーマ設定をしなければならなくなった時には、本当に困りました。苦し紛れに、私はお寺生まれだから何か宗教に関わることをやったらよいのではないかと思い、まずはマルティン・ルターの宗教改革に関連することをやろうと思いました。岩波文庫の『ドイツ文学案内』にもルターのことが書かれていたからです。ところが、ルターが農民戦争に際しては、農民を弾圧する側に立ってしまったことを知って、行き詰まってしまいました。それで、いろいろ迷う中で、ある日にはハイネにしてみようかなどと思い、神田の古書店でハイネ全詩集を買ったかと思うと、数日後にはやはりハイネでは無理だと思い、別の古書店に行ってその全詩集を売ってしまうというようなことを、しばらく繰り返しました。

そんなある日、書店に行って本を眺めていたら、ヘルマン・ヘッセの『シッダールタ』というタイトルが目に飛び込んできました。最初はお釈迦様の伝記かと思って買ったのですが、読んでみると、釈尊が悟りに至るまでの体験の秘密をヘッセなりに探った作品でした。が、とにかく、これなら何か書けそうだと思い、テーマをこれに決めたわけです。

この作品では、釈尊の時代のインドに生きる「シッダールタ」という名の、釈尊とは別の人物が主人公になっています。釈尊は「ゴータマ・シッダールタ」という名でしたが、この作品では既に悟りを開いた仏陀・釈尊たる「ゴータマ」と、おそらくはヘッセ自身をモデルとした一求道者たる「シッダールタ」を分けているわけです。このことによって、この作品は単なる釈尊の偉人伝ではなくなり、迷える一個人の求道の物語になっているのです。実際、ヘッセの文学は「求道的文学」とも言われていました。私は寺に生まれていてもほとんど仏教の勉強はしてきませんでしたが、この卒論をきっかけにして、初めて仏教に関心を持つようになり、卒業後はお寺に帰ろうという気持ちになりました。

ただ、生家に帰って仕事をしようと思ったのには、もう一つの理由がありました。私は専攻に上がった頃からある女性と同棲生活をしていて、それが両方の親に発覚してしまい、卒業したら結婚することになっていました。ですから、生計を立てるためにも、私は卒業と同時に名古屋に帰らねばならないということもありました。その同棲生活については、後でまた触れることにしたいと思います。

■現代的な求道の形——社会問題に目覚める

名古屋に帰って最初私は檀家参りの仕事だけをしていました。私が生まれた下之一色という町はかつて漁師町だったところで、生き物を殺して暮らしを立てることへの贖罪意識や、「舟底一枚、その下は地獄」という危険性の伴う日々の生活から、説教やお参り事がとても盛んなところでした。各家の月命日にお参りすることを「月経」と言いますが、私は帰った頃、毎日二十軒ほどの家を読経しながら回るということをしていました。

が、そのうち兄が、そんなお参りだけをしていてはダメで、以前から大谷派教団全体で推進していた信仰回復運動たる「同朋会運動」や、その頃から大きな問題になってきていた靖国問題や部落差別問題といった社会問題にも関わらなければならない、ということを熱心に私に対して言うのでした。ただそう言われても、すぐには判断がつかなかったので、改めて仏教系の大学に入り直して勉強したいと思うようになり、私は名古屋に帰った一年後の1982年4月に、同朋大学という名古屋にある真宗大谷派の大学に編入学することにしたのでした。

同朋大学に入った最初の頃、私は主として同朋会運動という信仰・教学の運動の方に関わりたいと思っていたのですが、しばらくすると「同朋会運動はもう終わった」などということを聞くようになりました。その意味が分かってきたのは、教師資格（住職資格）を得るために課された「教師修練」という東本願寺での合宿生活に行った時でした。私が参加した頃の修練は、仏教や浄土真宗の教義・教学を学ぶ場であるというよりも、靖国や部落差別の問題を突きつけられる場になっていたのです。その修練において私は、戦争と差別の問題こそが現代の仏教者が取り組むべき中心課題であるということを、完全にインプットされたのでした。

私がその修練に行った１９８２年の夏は、いわゆる「教科書問題」が大きな問題になっている時期でした。それまで教科書には、かつて日本がアジアに対して行った行為が「侵略」と書かれていたものが、教科書検定によって「進出」と書き換えられたことが批判の的となり、中国や韓国との間で外交問題にまで発展していました。従来、教師修練の合宿中は、いったん世俗との関わりを絶ったところで生活を送るという意味で、世の中一般のニュースは一切見られないことになっていたのですが、ちょうどその修練の最中のことですけれども、かつて日本軍がやったことを告発する意味で、朝日新聞などに中国人の首を切っている写真などが送り付けられてきていました。そこで、その修練の指導をしていた先生方が話し合い、靖国問題をやっているのにそのような情報を遮断するのは変だということから、特別にそうした新聞などが靖国問題の時間にはコピーして配布されたのでした。

そして、森正孝という人が制作した『侵略』という映画を見せられた上で、かつて日本の仏教がどのようにして侵略に加担してしまったのかを教えられ、「いま仏教者として、私たちはその責任をどう担うのか」という重い問いが突き付けられたのでした。

また、その教師修練において突き付けられたもう一つの大きな問題が、部落差別問題でした。もともと被差別部落は浄土真宗との関わりが深く、部落の人々の非常に多くの割合が浄土真宗の門徒でもあるのです。特に浄土真宗本願寺派（西本願寺）が圧倒的な割合を占めているのですが、真宗大谷派（東本願寺）の方も浄土真宗以外の仏教各宗派に比べれば多くの被差別部落を抱えていました。しかも、被差別部落の門徒は他の一般地区の門徒よりも、熱心な門徒が多かったのです。それは世の中一般では差別を受けていても、信仰の場としてのお寺だけは一般地区に負けない立派なものにしたい、という思いが強かったからだと言います。ですから、1922年に被差別部落民自身が自ら立ち上げた最初の解放運動としての水平社が創立された時、水平社は東西本願寺に対して募財拒否通告ということをしました。それは、そのように熱心に本願寺教団を支えてきたのに、その教団内にさえ差別があったことへの抗議の意味をもつものでした。実際、かつて本願寺では「部落に生まれるのは前世の宿業である」といった説教によって、差別が正当化されてきました。また、近代になっても本山に上納する賦課金は五割増でとられていました。にもかかわらず、被差別部落の人たちは本山の行事でお参りしても別に扱われて、低い身分を示す席にしか座ることができなかったのです。

教師修練ではそのような歴史を学んだ上で、部落解放同盟による東本願寺に対する糾弾の録音テープを聞かされました。大谷派は大阪の難波別院におけるある差別事件を契機に、１９６９年以降、何度か解放同盟の糾弾を受けてきていたのですが、私たちがその時、聞かされたのは、ある時の糾弾会における水平社創立メンバーの一人・米田富さんの話でした。当時まだ御存命だったのです。米田さんの話は「糾弾」と言っても、教団を外側から責めるものではありませんでした。むしろ被差別部落の自分たちこそが親鸞聖人の同行（どうぎょう）であるという誇りに立ち、本願寺の方が聖人を裏切って体制的になった結果として差別事件を起こしているのだということを解き明かすものでした。米田さんはその時の話の中で、親鸞聖人の念仏は弾圧にあっても信仰を守り抜こうとした「首の飛ぶような念仏」だったのに、本願寺はそれを忘れてしまったのだとおっしゃったのです。それはまったく目の覚めるような、信仰の原点に立ち返らされる話でした。
とにかく、私が実際に教団に関わり始めた頃は、このように靖国や差別の問題に関わらなければ仏教者・真宗者にあらず、といった雰囲気がみなぎっている時代でした。そして、こうした部落差別問題から始まって、その後、教団では女性差別や障害者差別などの様々な差別に対する異議申し立てへと運動は展開していきました。

そんな中で私自身にとって決定的とも言える経験だったのは、少しだけですが沖縄と関わりを持ったことでした。私は以上の教師修練で指導の先生の一人から紹介された沖縄の反戦フォークシンガーで魔夜中しんやという人を、同朋大学の学園祭にお呼びしてコンサートを開催しました。当時私はそのような取り組みを「実験」と称していました。この言葉は、最初から「他力」などと言っても意味が分からないので、まずは限界まで粗食に耐えるなどの「自力」の修行をし、そのため結核になって短命に終わった明治時代の仏教者・清沢満之が、我が身を賭けて「自力無効」を証明し他力の信心に至り着いた営みを「実験」と称していたことを念頭に置き、現代の私たちはむしろ社会的な問題を通して信仰を証明する「実験」を行うべきであるという意味を込めたものでした。

魔世中さんの歌で最も印象に残ったのは「骨のカチャーシー」という歌でした。もともと詩の方はヤマトから沖縄に移住した芝憲子という詩人が作ったものですが、魔世中さんが芝さんの詩に出会って曲を付けたのでした。魔世中さんはこれを歌う時に、次のような語りをしました。――沖縄には三十三回忌が済むと亡くなった人は神になるという信仰があるが、沖縄戦で亡くなった人の三十三回忌に当たる１９７７年の頃、果たして沖縄戦で亡くなった人たちは神になどなれるのだろうか、という問いを持つに至った。そして、戦争で殺された人たちは、やはり簡単に神になどなれないだろう、骨たちは簡単に拾われて神社などに祀られることを望んではいないのだ。骨たちは殺された場所で今もカチャーシーを踊っているのだ。骨たちはこの世に戦につながるものがなくなるまで、踊り続けるだろう。それならば、生きている私たちも、戦につながるものが全てなくなるまで骨たちと一緒に踊ろうではないか――と。私はこの語りを聞いて、私たちが大学で学んできた「国に地獄・餓鬼・畜生あらば、正覚を取らじ」（私が今から打ち建てようとする国に、地獄・餓鬼・畜生と呼ばれる三悪道の現実が残っているならば、私は簡単に悟ってしまったりせず、それをなくすための修行を続けよう＝『仏説無量寿経』の中の阿弥陀仏の四十八願の第一願）という阿弥陀仏の本願の現代的な表現ではないかと思いました。そして、当時私はそれをいろいろなところで言ったり、書いたりしていました。

それからまた、私たちは魔世中さんとの関わりで、「長靴と懐中電灯持参の沖縄ツアー」ということを行いました。これは先に述べた教科書問題を契機にして、それまで知られていなかった沖縄戦の歴史を学ぶ旅だったのですが、当時まだ沖縄の南部戦跡にある「ガマ（壕）」は何の標識もなく整備もされていませんでしたので、そこに入るために長靴と懐中電灯が必要だったのです。私たちは真っ暗なガマに入って、沖縄戦の実態を調査しておられた現地の専門家から、住民が日本軍によってスパイ容疑をかけられて殺されたことや、集団自決があったことなどの事実を聞かされたのでした。また、南部の摩文仁の丘には各都道府県の碑が立っているのですが、ほとんどの碑が戦争を賛美する内容のもので、まさに靖国神社の沖縄版といったものでした。当時はまだ、その後に沖縄戦で亡くなった全ての戦没者を追悼し、平和を希求する意味で建てられた「平和の礎（いしじ）」は建てられていませんでした。さらに、摩文仁の丘の下にある沖縄県立平和祈念資料館は、もとは現上皇が皇太子の頃に沖縄を訪れた際、そのトイレが必要というので建てられたものだったにもかかわらず、その後、戦争の実態を掘り起こしてきた人たちの努力で、戦争の真実を学ぶことのできる資料館になってきたという話も聞かせていただきました。

そして、そうした南部戦跡での学習を重ねた後、私たちはそのツアーの最後に魔世中さんに嘉手納基地の滑走路が一望できる場所に連れて行ってもらいました。その場所に着くと、魔世中さんはギターを取り出し、飛行機の音にかき消されながらも、「ここからね、米軍は爆弾を積んで、朝鮮にもベトナムにも飛んで行ったんですよ」と叫んで、反戦歌をかき鳴らしました。それを聞いた時、私の中で自分の考えが根本的にひっくり返されたのをハッキリと覚えています。私の小・中学生の時代は日本の高度成長期とぴったり重なっていました。だから私たちの世代は、先生や親たちから「日本人は優秀で、勤勉で、真面目で、よく働くから、戦争に負けてもこのように見事に復興し、経済発展を遂げてきたのです」と言われて育ちましたが、それを疑って批判的に見る目をまったく持っていませんでした。でも、「何だ、日本は朝鮮戦争やベトナム戦争で儲けただけじゃないか」と、私は魔世中さんの叫びを聞いて思ったのです。

以上のようなことを経て、社会問題を通して念仏信仰を表現したいという私の求道のスタイルが固まってきたのでした。

■社会の罠と生死の罠――父の死と私自身の離婚

社会的な問題に関わることと並行して、私生活上でも二つの大きな変化がありました。

まず、父のガンという問題がありました。最初に父の病気のことがわかったのは１９７７年に父が胃を切った後です。手術時は胃潰瘍だと言われていましたが、術後ガン細胞が見つかったということでした。でも、母に言うとオロオロして本人に伝わってしまうといけないからということで、兄と私だけが医者から呼ばれて、告知されました。当時はまだ医師も告知などしない方がよいという考え方が支配的だったのです。が、22歳と19歳の兄弟だけで抱えるには、それはあまりにも重い現実でした。これといったことは何もできないまま、重苦しい思いだけ引きずって、私たち兄弟はその後の数年を過ごしました。ところが本人は治ったと思っていますから、生家の寺が以前から経営していた幼稚園や保育園の事業を拡大しようとするし、酒量もどんどん増えていくのでした。が、５年経っても父は何ともなかったので、私はそれに引きずられてきたことに、だんだん腹が立ってきたのを覚えています。

他方、私が名古屋に帰ってからは、私たち兄弟のやっている社会派の活動が過激だということで、父とは寺や教団のあり方をめぐって対立していました。当時、正雲寺界隈では、「兄が京都の大学を出て帰ってきたら過激派になっていた。が、しばらくして今度は弟が東京から帰ってきたら、それに輪をかけたような人間だった」などと噂されていたのです。例えば、私たち兄弟は、従来法事の際に着ていた色によって上下の身分を示す衣を着るのをやめて、身分の上下はない黒衣にしてしまうことや、法話の際に靖国問題や差別問題をストレートに出して訴えることをしていましたが、そういうことは父から見れば、趣旨は分かるが表現が過激すぎるというのでした。かつて水平社に連動して、宗門内差別に対する異議申し立てとして「黒衣同盟」という運動を起こした僧侶たちがいたのですが、１９８０年代になっても真宗地帯である名古屋では、まだ衣の色というものは象徴的な意味を持っていたのです。

が、父は大谷派のいわば国会議員に当たる宗議会議員もしていて、教団の歴史も知っており、議会では靖国神社公式参拝反対や差別撤廃の演説などもするくせに、名古屋の地方的な僧侶の会合には自分が高い身分の僧侶であることを示す衣を着用して行ったり、頼まれれば町の忠魂碑や殉国碑にお勤めに行ったりするという矛盾がありました。当時の私たちはそれが許せませんでした。私たち兄弟は父の病気のこともあるので、そうしたことを責めるのはどうかとも思いましたが、そのような対立になるとやはり引くわけにはいきません。それに前に言ったように、父は何年か経っても何ともありませんでしたので、対立はどんどんエスカレートしていきました。

ただ、やはり父にはそうした対立は、あまりにも負担だったのだと思います。１９８５年の初め頃、父は直腸ガンの手術を受けることになりました。以前とは別の病院でもありましたし、その頃になると日本の医療のありようとしても次第に告知の方向に向かうようになっていましたので、この時は母にも隠されていませんでした。術後は「ガンは取り切れた」ということでしたが、半年ほどして肝臓に転移していることが告げられました。そして、１９８６年の７月に父は亡くなりました。父の亡くなり方はこういうものでしたので、大谷派の宗議会議員の間では、当時、父は二人の息子に殺されたようなものだと言われていました。現に私は、ある人から直に「親殺し」呼ばわりされたこともありました。

父の死について今も私に課題として残っているのは、告知の問題です。母が絶対にしてくれるなと言うので、最期まで本人に告知できなかったことが、今も悔いとして残っています。今から考えると、父に真実を語って、もっといろいろなことを話し合うべきだったと思います。告知していないがゆえに、最後の入院時に何度見舞いに行っても、一言も話すことができませんでした。後で述べるように、生命倫理の学びを始めた現在、これについてはなおさら反省せざるを得ないと思うのです。

それから、父が死に至る病床にあったのと同時期に、もう一つ私は自ら大変な問題を引き起こしていました。それは私自身の離婚問題です。

前に述べたように、私は最初の結婚相手とは学生時代からの同棲を経て結婚しました。同棲中は四畳半二間の借家に、場合によっては兄妹だと偽って、暮らしていました。まだそんな時代だったのです。でも、そんな中で肩を寄せ合って暮らすことに、私は憧れを持っていましたので、私にとっては楽しい生活でした。それに彼女とのそうした生活が始まることで、それまでは遊んでばかりいた私の学生生活もやっと落ち着き、卒論に打ち込むことができましたので、彼女には本当に感謝していました。

ところが、結婚していざ名古屋のお寺での生活が始まると、私たちはお互いに変わってしまいました。私の方は前に言ったように、社会的な運動に打ち込むようになりましたが、彼女はそれには全く関心がありませんでした。それどころか、彼女は茨城県の専業農家の出身で、結婚すれば家ぐらい建ててもらって当たり前という感覚を持っていました。彼女の親も私の親に対して、しきりにそういうことを言ってきていたようでした。

それで実を言うと、一軒の家が建ってしまったのです。私の生家の寺は近くに飛び地を持っていたのですが、まだ私の父が生きている頃に、結婚相手の親からの要望などもあって、その土地に私名義の家を建てる話が進行していたのです。変な話ですが、私名義の家を建てるのに、私には知らされないままで、私の親と結婚相手及びその親との間で話が進んでいたのです。なぜ私には知らされなかったのかというと、私は反対していたからです。

その土地は個人名義ではなく宗教法人の土地でしたので、そこに個人名義の家を建てることはよくないということと、それに当時まだ二十代で私自身が将来どうなるのか分からないのに、なぜ家など持てるのかとも言っていました。ところが、話は着々と進んで実際に大工さんまで連れてきてしまいましたので、私としても何か策を講じなければならなくなりました。それで、もし建てるなら私宅ではなくて、寺の現代的な活動の場として、仏教者や市民運動家などが集って、いろいろ勉強会などの催しができる場なら建ててもよいと私は言いました。すると、それでもよいから建てさせてくれと両親も結婚相手も言いますので、それで実際にちょっと奇妙な一軒の家が建ってしまったのでした。

私はその家に「漂流舎」という名前を付けて、実際毎日のように同朋大学の学生や市民運動に関わっている人たちが来ていました。が、結婚相手の方は子どもと二階にいて一階でやっている催しには一切関与しないという、何ともちぐはぐな毎日が続きました。おそらく私の両親も彼女も、家さえできてしまえば、運動などやめて私も落ち着くだろうと思っていたのでしょう。でも、実際には、それでますます私たちの夫婦仲は悪くなっていき、対立を繰り返すようになってしまいました。

そして、そんな中で、私の方が社会的な活動を通じて知り合ったある女性と付き合い始めてしまい、その家を出てしまったことから、結局、話が離婚問題へと進んでいったのでした。そうした離婚話と父の最期の時が、ほとんど同時に進行していたのです。（注：その家は、私たちの離婚が成立するまでは、前妻と子どもが住んでいましたが、後に宗教法人名義にして、寺に勤めている人の役宅に転用されました。）

このように混乱した状況の中で、私は以前のようには社会運動に出ていくことはできなくなってしまうということがありました。社会の問題をいくら学んでも、親子や夫婦の間で生ずる問題は、解決が付くどころか、ますます泥沼に入っていく感じがして、足が前に出なくなってしまったのです。が、私のそんな状態を見て、ある先輩僧侶が次のように言ってくれました。「君はこれまで社会の罠についてはよく学んできた。が、人間にはそれとは別に生死（しょうじ）の罠もあるんだよ」と。「生死の罠」とはうまく言ったものだと思いました。「生死」とは「生老病死」の略で、人間存在が本質的に抱える「苦」「迷い」を表す言葉です。それは、「自由」とか「平等」とか、社会運動におけるスローガンのようなものを持ち出しても、解決のつく問題ではないのです。親子や夫婦の間の問題とは、そうした「生死」の問題なのだと思います。人間が抱える問題には社会的な次元とは別の次元の問題があるということを、この時私は教えられたのでした。

■関西への移住――「漂流舎」を捨てたとき、本当の漂流が始まった

さて、以上のような状況の中で、前に言ったように兄は私よりも先に社会派仏教者の活動に入れ込んでいたわけですが、おそらく「住職を継ぐのに、今までのようなことやっていたらダメだ」などと周囲の人たちから言われたのでしょう。父の死をきっかけにして、彼はいわば「転向」するような形になってしまいました。そしてそうなると、今度は兄と私の対立が激しくなりました。私は変わってしまった兄に対して、「いま俺があんたに言ってることは、昔あんたが親父に言ってたことだよ」などと言って、寺の問題をめぐって責め立てたこともありました。すると兄は、「親子と兄弟は違う。兄弟は他人の始まりだ」などと言うのでした。母は、夫と二人の息子の何年間かの激しい対立の後に、さらに今度

は兄弟の対立が続いたのでは、もう寺がもたないと考えたのだと思います。結局、最後は、私が母から「もう寺を出て行ってくれ。あんたさえ出ていけば、丸く収まるんだ」と言われることとなりました。そこで私は、その活動で知り合った女性と一緒に関西方面に移住し、何度かアパートや寺を転々とすることになりました。

が、このように駆け落ちのようなことをして出て来たので、暮らしには本当に困りました。先輩僧侶の紹介で大阪府泉大津の寺に勤めることができましたが、そこの住職は私がしてきたようなこととは、全く反対の立場に立つような人でしたので、そこでは本当に苦しい一年間を過ごしました。が、そのように生活が苦しくなると、せっかく新しい関係を築こうと思ったのに、その女性との関係もギクシャクするようになってしまいました。が、私たち二人は何度か喧嘩を繰り返しながらも、こんなことでは何のために家を捨てて出て来たのか分からなくなってしまうということから、相談して被差別部落のお寺に入って解放運動に関わろうという話になりました。彼女は大学時代に部落問題のサークルに入っていたので、その点では私と思いを一つにできたからです。だから、当時私たちはよく二人で口を揃えて水平社宣言を朗読したりしていたものです。

そして、私たちはできたら被差別部落のお寺に入りたいと関係者にお願いしたのですが、案外早く入る寺が滋賀県に見つかりましたので、私は泉大津の寺を辞めて二人でそちらに移ることになったわけです。でも、結論的に言うと、滋賀の寺でもなかなか思うようにはいかずに結局そこも出ることになってしまいました。それにはいろいろな理由があったのですが、今は私にとって最も大きかったことを中心に述べたいと思います。

実は彼女には事情があって、名古屋にいた時からうつ病で精神的に苦しんでいたということがありました。薬を飲まないと生活できないので、彼女は例えば車の運転などは控えていました。そして、彼女がそういう状態であることは、門徒総代さんには話した上で、私たちはその寺に入ったのでした。ところが、いざ寺に入ってみると、そのことが理解してもらえていないことが分かってきました。田舎は車がないと移動にも不便だということがありますので、総代さんには悪気はなかったと思うのですが、彼女にしきりに車の運転をすすめたりしたのです。が、やはりそのようなことを言われて、その都度説明することが、彼女には大変負担でした。それでそういうことが重なるうちに、ついに彼女は寺に入が来るのを嫌がるようになり、「あの人たちは精神を病んだ人間のことなど何も分かっていない」と言い出して、人が来ると寺の奥の部屋に引っ込むようになってしまいました。そして、そのことによって、門徒さんたちの方も態度を硬化させてしまいました。そして、「住職は部落差別問題に理解があるけれども、奥さんはこういう地区だから嫌がっているんじゃないか」（注：私は当時まだ正式にその寺の「住職」ではありませんでしたが、そうなる予定ということで、そう呼ばれていましたし、私の前妻との離婚もまだ成立していませんでしたが、彼女は「奥さん」と呼ばれていました）と誤解し始めたのです。両者の間に立っている私からは、お互いにすれ違っているのが分かりますので、そのことをそれぞれに説明してもなかなか理解してもらえません。そんなことが続くうちに、ついに私の方が心労で参ってしまい、ある時、倒れて救急車で運ばれるということがありました。幸い、病院に一泊しただけで帰ることができましたが、そのことは私にとって後々まで課題として残り続ける重い事柄でした。このことがもつ意味については、次章で人権研究について述べるときに、また触れたいと思います。

この他にもいろいろな問題がありました。寺で催しを企画して呼び掛けても、村の人たちは互いにけん制し合ってほとんど参加しないとか、日曜のたびごとに村のことで呼び出されることに辟易してしまったとか。実は、当時まだ週休二日ではありませんでしたので、日曜のたびに呼び出されて休みがなくなってしまうのは、そこに生まれた人でさえ困ることのようでした。そこは農村でしたが、もう専業では成り立たなくなっていましたので、若い人たちは近隣の都市に勤めに出ていたのです。なので、実態としてはベッドタウンのようになっていました。それに、名古屋という大都市で生まれ育った私たちにとっては、外に出ても知った人にしか会わない農村の生活は、何とも窮屈なものでした。また、私たちは部落解放運動に関わるためにそこに入ったのでしたが、その村の路線が私たちの思いとは合わないことが多く、当てが外れたということもありました。が、何よりも経済生活に見通しが立ちませんでした。わずか六十軒ほどの集落ですから、寺も専業では成り立ちません。なので、何か他の仕事を紹介してもらうということで私たちはそこに入ったのでした。が、結局、仕事は見つかりませんでした。見つかるまでは月15万円を保証するということで、結局その村にいた一年の間、そうしていただいていたのですが、毎月総代さんが各家を回って金を集め、千円札で15万円を持ってくるのを受け取りながら、私たちは何か悪いことでもしている気がして、本当にすまないという思いも抱えていました。

以上のようなことで、結局、滋賀のその寺を私たちは出ることになったのですが、当面は京都市内の従兄が住職をしていた寺に居候させてもらって仕事探しをした後、大阪市生野区の大谷派の寺（佛乗寺）に勤めることになりましたので、私はその近くにマンションを借りて引っ越すことにしました。が、彼女の方も同じ大阪市内の福祉関係の施設に勤めることになりましたが、同じ願いを持って入った被差別部落寺院での生活が破綻して夢が破れたことから、もう私たちには一緒にやっていく意味が失われていたのでした。それもあって、彼女の方は新たな職場で出会った男性との付き合いが始まったようで、私のもとを去っていくことになりました。が、皮肉なもので、ちょうどその頃、私と前妻との離婚が成立したのでした。

それでしばらく私は大変落ち込んでいました。家や家族を捨ててここまでやってきたのに、一人残されてしまい、「何のために私はこんなことをやってきたんだ」と思わざるを得ませんでした。が、新たに勤めた佛乗寺の住職（藤並光憲師）とその家族の方々（特に光憲師の奥様である節子さん）がとても良い人で、非常に温かく接していただきましたので、それで私は救われました。また、その寺は葬儀社からの紹介で手広く仕事をしている寺でしたので、その頃から始まってきた専門会場での葬儀の仕事を私は初めて経験することになりましたし、生野区は在日韓国人の人が多いところですので、その葬儀を執行したことも少なくありませんでした。そうしたことは、私にとって、とても貴重な体験でした。（ただ誠に悲しいことですが、２０２３年5月に光憲師が亡くなっていたことを、最近になって私は知りました。心より哀悼の意を表したいと思います。）

が、そうしているうちに、１９８９年の夏の参院選挙がありました。当時、リクルート・消費税・農政の三点セットで自民党が批判され、それに土井たか子人気が重なって、社会党は大きく躍進したのでした。そして、その選挙で石川県の小松で反基地闘争をしていた大谷派僧侶の翫正敏さんが社会党比例区で議員に当選したのですが、彼が「平和のための仏教者のネットワーク作り」を公約にしていたことから、それをするための秘書を探していました。その話が、人を介して私に来ることになったわけです。私の方は彼女と別れたショックからまだ完全に立ち直れておりませんでしたので、その話がきた時、ちょうどよい機会だと思って、議員秘書という自分にとっては全く新しい生活に飛び込んで行くことを決めたのでした。それで１９９０年代の私の生活が始まりました。

第2章　１９９０年代　国会議員秘書から人権研究へ

■国会議員秘書の経験――「議員秘書は見た！」

議員秘書の仕事は、参議院議員会館に詰めることから始まりました。しかし私はそれまでは全く関わったことのない世界ですから、初めは何をどうしたらいいのかさっぱりわかりませんでした。それに、１９８９年は冷戦終結が告げられ、年末にかけて東欧の社会主義国がバタバタと倒れた歴史的な年でしたが、その頃のほんの短い期間、もう軍備は要らなくなるなどと言われ、平和のムードが漂っていました。私は秘書の仕事としては、それまでも取り組んできた靖国問題からの延長で、天皇代替わりに関する一連の行事（即位の礼と大嘗祭）の憲法上の問題について調べていました。１９９０年の初めの頃は、総選挙があったことを除けば、私はそれぐらいしかすることがなかったのです。

が、そこに１９９０年の8月2日がやって来ました。イラク軍が国境を越えてクウェートに侵攻したのです。そうした湾岸危機から、日本の国際貢献のあり方が盛んに議論されるようになって、滅茶苦茶に忙しくなりました。その秋に国連平和協力法案が国会に提出されたのですが、社会党としてはこれに反対しましたので、連日、これに対する反対の請願を受け付けるなどの仕事で忙殺されるようになったのです。この時の法案は廃案となりましたが、１９９１年になるとついに湾岸戦争が始まりましたので、今度はその反対運動にほとんどの時間を割かねばならなくなりました。そして、そうした忙しさは１９９２年６月にカンボジアＵＮＴＡＣを契機にしてＰＫＯ法（国際平和協力法）が成立するまで続くことになったのでした。

自衛隊をカンボジアに派遣することを決めるＰＫＯ法案を採決した時のことは、今でもよく覚えています。この法案に対して社会党は徹底抗戦することを決めて、牛歩戦術をとりました。牛歩戦術とは、議場での投票の時に、議員たちがわざと牛の歩みのようにノロノロと歩き、時間稼ぎをする戦法です。特に参議院での牛歩戦術は5泊6日にわたるものでしたが、当時私は社会党参議院秘書団の書記長をやっていましたので、秘書たちが牛歩で闘う議員たちのいわば後方支援活動をしたり、反対の国会請願を受け付けたり、また反対のデモに出たりすることの指揮をとる任務を果たしていました。ですから、その5泊6日の間、私は風呂に入ることもできず、時々ソファーで仮眠をとるだけで、ずっと参議院に詰めていました。が、そのおかげで実にいろいろなことを見聞きすることができました。社会党がどういう形で振り上げた拳を裏で手を回して降ろすのかなど、普通には見られない光景を垣間見ました。まさに、「家政婦は見た！」じゃありませんが、「議員秘書は見た！」とでもいう体験をしたわけです。

その中で今も記憶に最も残っていることを言いますと、次のようなことがありました。牛歩戦術も何泊目かになると、議員たちもだんだん朦朧としてくるのですが、実は議場の後ろの方では、自民党と社会党の参院国対委員長が話し合って落としどころを決めていたということを、私は自分の議員から聞いていました。それで、牛歩戦術の休憩に入ったある時、社会党参議院議員執行部から「そろそろ採決に応じないかと自民党が言ってきてるんですけど……」という話が、その中休みの間の議員総会で出されました。そして皆で話していると なかなかまとまらないからということで、何人かの議員たちの名が挙げられ、別室で話し合いたいというのでした。どうやらそこで採決に応ずることを決めようとしているのでした。ただみんな朦朧としているから、何が起こっているか分からないような状態でした。が、そんな中でも國弘正雄議員のようにそのような手続きに対して異議を申し立てた人もいました。

私は秘書にすぎませんので何も言う立場にはありませんが、そうしたやり取りを見ているうちに、何かはらわたが煮えくり返るような思いがこみ上げてきました。するとそれを察したある先輩秘書が私の手を引いて別室に連れて行ってくれました。そこには饅頭が置いてありました。その先輩秘書は全共闘世代の人で、すごく過激な運動を体験してきた人でしたが、私に「ちょっと落ち着いたら」と言って、お茶と饅頭をすすめてくれました。そして、「こんな自民と社会の間の芝居じみたことは、過去に何度も体験してきたんだよ」とその人は言って、「君はまだ入ったばっかりなのに、この時期に秘書団の書記長など背負わされたので、他の人が見なかったような、すごいもの見ちゃったね」と言うのでした。その時、私はまさに戦後政治史の一端を見た思いがしたのでした。

そうしたことがあった後、やはり自社の間で密約のようなものが成立したようで、牛歩をやっていた議員たちの歩みが早くなりました。が、その途端に、夜中にもかかわらず議員面会所に詰めかけて議場のモニターを見ていた反対運動家たちからは、「社会党は妥協するな！」というシュプレヒコールがあがりました。よく見ているものだなと思いました。

そういうこともあって見られていると思ったからか、まだ本気で牛歩をしている議員もいました。が、そういう議員たちには長老議員のような人が近づいて行って、「お前、次の選挙で落ちてもいいのか？」などとささやき、闘う気を削いでいったと言います。

いずれにせよ、以上のようなことを通して、結局、反対運動も空しく過ぎてＰＫＯ法は成立し、戦後初めて自衛隊の本格的な海外派遣が行われることが決まったのでした。当時、私は神楽坂に部屋を借りて住んでいて、永田町にはすぐに行けましたので、数か月間、一日も休みなく働いていました。それだけに、法案が通ってしまうと、ものすごい虚脱状態に陥りました。それでその会期後の国会閉会中は、ほとんどどこにも行かずに寝ているような日々が続きました。

■法学研究の開始――社会的な活動から離れる

そんな嵐のような日々が過ぎ去って少し落ち着くと、「あれは一体何だったんだろう」という思いが強くなりました。私はもともと文学部出身なので、それまでは法律についてまともに勉強したことがありません。なので、毎日毎日「平和憲法を守れ！」と叫んで歩いていても、それが本当のところは一体何を意味するのかが分かっていませんでした。そこで、ＰＫＯ国会後の虚脱状態を抜け出した頃から、国会図書館で文献を借りたり、コピーしてもらったりして、自分なりに勉強を始めました。すると、法学の勉強というものが、面白いものだと思うようになりました。

私は自衛隊海外派遣の問題の他に、戦後補償や死刑廃止運動をしている人たちからのいろいろな要請を受けることもありましたし、そういう問題について関係省庁や国会図書館の専門の人からレクチャーを受けることもよくありました。例えば、戦後補償問題については次のような説明がよくされていました。――通常、戦争終結後は国家間で互いに「戦争賠償の放棄」という取り決めをして解決がはかられることが多いのですが、それは国際法上、ある国家の国籍を有する私人が他国の国際違法行為によって損害を受けた場合に、国籍国が国際違法行為を行った国に対して国家責任を追及する国際法上の権限である「外交保護権」を放棄したにすぎないのであって、実際に損害を受けた個人が有する権利については、いかなる意味においても国が代わりに放棄などできるものではありません。それが、最近始まった戦後補償の訴えの意味なのです――と。私はいろいろな人からこのような説明を聞いているうちに、かつて考えていたように体制の人間は何も考えていないなどということはないと思うようになりました。それどころか、問題を深く考えていないのは、むしろただ反対運動さえしていればよいという運動家たちの方ではないかとさえ思うようになりました。

でも、戦後補償に関しては、補償を実現すべく活動している人たちと関係省庁の役人の間に、実際の立場は異なっても、問題認識においてそれほど開きがあるとは思いませんでしたが、死刑廃止となると、運動を進める側の人たちに、「応報刑論か、教育刑論か」といった刑罰の本質に関わる問題を深く考えていると感じられることなど、ほとんどありませんでした。そして、憲法九条となるとなおさらそうで、反対運動を推進する側の人は、ただ「反対！」と声高に叫んでおればよいと思っている人が多かったように思います。

私はだんだん市民運動の集まりなどで、憲法九条の解釈問題などもしっかり詰めておかないと政府に勝つこともできず、一般の人も説得することができなくなるということを言うようになったのですが、それが非常に嫌がられるようになりました。例えばある時には、

「寿台さん、私たちは反戦感情で活動をやってるんで、そんな理屈っぽいことは言わない方がいいんだよ」などと言われたこともありました。また、感情論で市民運動に参加して、ただ過激なもの言いに終始していればよいというような人たちからは、「寿台は転向した」とか、「体制的になった」「官僚的になった」とかと言われるようになってしまいました。しかし、戦争を直接体験した世代の人たちが主流のうちは、反戦感情に頼って活動をしていればよかったのかもしれませんが、今後はそういうわけには行かなくなるだろう、というのがＰＫＯ国会などを通して私が実感するようになったことでした。

そのようなことから、これまでのように議員秘書をしている限り、そうした運動家たちにただ「反対！」の合唱というスケジュール闘争に加わることが求められるだけで、それまでの生活を断ち切ることができないので、結局私は秘書を辞めて法学の勉強をすることに決めました。私は１９９３年の3月付で秘書を辞めましたが、そこから約一年間の勉強の後、当時神奈川県に住んでいたこともあって、１９９４年4月に横浜国立大学大学院国際経済法学研究科の修士課程に入学し、研究生活を開始することになりました。

■人権研究の意義――差別問題との関わりから考える

横浜国大の大学院に入ってからも私はいろいろなことで迷いました。まず大きなテーマ設定という意味で言うと、入った当初私は議員秘書時代から引きずってきた平和憲法論を自分なりに研究してみたいと思っていました。が、入学してから私は国際法（森川俊孝先生）のゼミに所属することになったということもあり、人権には以前から関心もありましたので、「国際人権」をテーマにすることにしました。が、人権論の中でも私は「発展の権利」にしようか、いや「人権の普遍性と文化相対主義」の問題にしようかなどと、何度か修士論文のテーマを変更するということがあって、通常は二年で終える修士課程に三年間いることとなりました。そして、最後に選んだ論文のテーマが「世界人権宣言の起草過程」を歴史的に調べるというものでしたので、実際に論文を書く段階ではGHQの歴史を研究してこられた天川晃先生に御指導いただくことになり、政治学のゼミに移らせていただきました。天川先生からは関連する議事録など生の文書を読むことの面白さを教えていただきました。が、その結果として私が書いた論文の内容については、既に『世界人権宣言の研究――宣言の歴史と哲学――』として出版していますので、それをご覧いただくとして、ここではなぜ私が人権に関心を持つようになったのか、そしてその関心はどのように展開したのかを述べたいと思います。

私が人権というものに関心を持つに至ったのは、前章に述べた差別問題からでした。ただひと口に「差別」と言っても、様々な差別があります。私は部落差別の問題から勉強し始めたのですが、女性差別もあれば障害者差別もあります。それで「あらゆる差別と闘う」とか、「被差別者の連帯」とかと、口で言うのは簡単ですが、実際には生やさしいものではないということを突きつけられたのが、前章に述べたような、被差別部落寺院での生活における、門徒の人たちと当時の私のパートナーとの間の行き違いということでした。この場合は、部落差別と精神障害者差別とが衝突していたのでした。

このことから後々私が考えさせられたことは、次のようなことです。反差別運動を展開する人たちは、たいてい自分が受けている差別、或いは自分がその運動を支援しているところの差別が最もひどく厳しいもので、これこそが根底的な問題であると言うことが多いと思います。が、差別構造というのは非常に複雑なものだと思いますので、ある人は一方的に百パーセント差別者であって、別の人は一方的に百パーセント被差別者であるなどということは、ほとんどないだろうと思います。人はたいてい、右足は他人に足を踏まれているけれども、左の足で誰かの足を踏んでいるようなもので、そうした錯綜した状態の中で生きているのではないかと思うのです。

そうだとすると、お互いに自分こそが最も迫害されて、ひどい目にあっているのだと言い合っているだけでは、問題を解決することができません。そこでそういう対立がある場合に、両者の言い分を比較考量する物差しのようなものが必要になるのではないかと思うようになり、私は人権論に関心を持ち始めたのでした。つまり、差別の問題を権利という物差しで測ってみたら、対立の解決につながるのではないかと思ったのです。

差別の問題を権利論として考えると、差別とは「ある特定の集団に属する人が、特定の場所に生まれたり、特定の属性を持っていたりすることによって、ある一定の権利を保障されない状態が続いていることである」と定義できるのではないかと思ったのです。例えば被差別部落の場合には、「婚姻の自由」や「職業選択の自由」がなかったとか、性差別の場合にも、女性にはかつて「参政権」が認められていなかったとか、いまもって男性と同等の自由や利益が保障されていないとかとして差別のありようを確認することによって、それならば何を保障すべきなのかが見えてくるのではないかということです。差別論だけしかないと、「自分が一番ひどい目に遭っている」と言い合うばかりになりますが、権利論として考えると対話の場が開ける可能性が出てくると思ったのです。

それで考えてみると、私が研究テーマとして世界人権宣言を選んだのも、以上のことと関連があると思うようになりました。大学院でこの研究テーマを選ぶ時には、私は主として「人権は普遍的なものなのか」というテーマが先に立っていて、かつての被差別部落寺院で体験した、ある差別と別の差別の衝突の問題を考えていたわけではありませんでしたが、しかし今になって改めて考えると、世界人権宣言をテーマにしたことは以上の差別問題と確実に関係があることが分かったのです。それはなぜかというと、世界人権宣言とは「すべての人民とすべての国とが達成すべき共通の基準」として示された三十か条の権利のカタログだからです。つまり、差別と差別が対立し合ったときに解決に導くことのできる、世界で最も信頼できる物差しだと言えるのではないかと思うのです。

それからまた、世界人権宣言の成り立ちを通して提示した私の人権論の最も大きな特徴は、人権というものを、「自然権モデル」に基づいて「生まれながらに有する権利」として捉えるのではなくて、「社会正義モデル」に基づいて「当該社会のメンバーに付与される権利」として捉えることを打ち出したことです。これもやはり以上の差別論の克服という問題と関係することです。せっかく私は差別論で対立が解決できないから権利論に置き換えて解決しようと考えたのに、権利が生まれながらの生得のものだということになると、それは「不可譲の権利」という意味を持ちますから、権利と権利が衝突して対立したときに、お互い引くに引けない状態になってしまって、差別と差別が衝突した時と同じことになってしまうのです。そのように、「自然権モデル」という考え方は権利の衝突が起こった時に必要な比較考量の考えを備えていないので、私は権利というものは「社会正義モデル」で考える方がよいと思うに至ったのでした。

■仏教と人権――両者の共通点と相違点

次に「仏教と人権」という問題について述べたいと思います。実は、私が人権研究を始めたのには、もう一つ理由があって、それがこの問題だからです。私は大谷派で仏教者の社会運動に関わっていた時、まわりの人たちはみな反差別を主張していましたので、当然のことながら「人権擁護」の立場に立っているものだと思っていました。ところが、いろいろな人と話してみると、意外にもそうではないことが分かってきました。人権という考え方は西洋近代で生まれたものなので、それが仏教の教えとは合わないと考えている仏教者が少なくなかったのです。どうしてそうなのか、その問題はどのようにして解くべき問題なのか、やはりそれは私にとって今も課題たり続けている問題なのです。そこで今ここでは仏教と人権の共通点と相違点について述べたいと思います。

まず共通点の方からですが、前章で私は、世の中から戦につながるものがすべてなくなるまで、戦争で殺されて神になり切れない骨たちと一緒に踊ろうではないか、という沖縄の反戦フォークシンガー・魔世中しんやさんの叫びを、いわば現代における阿弥陀仏の本願として受けとめたという話をしました。このような思いは、私が世界人権宣言の研究をしている間もずっと、私の心底にはありました。真宗大谷派において近代教学を打ち建てた曽我量深が「阿弥陀仏の四十八願は浄土の憲法である」と言ったという話は大谷派では有名ですが、私は逆に世界人権宣言や日本国憲法はいわば「現代の本願」であると思って研究していたのです。

阿弥陀仏の四十八願の第三願には「国の中の人天、ことごとく真金色ならずんば、正覚を取らじ」（私が今から打ち建てる国の中の人々と神々が、みな真に金色に輝くことがなければ、私は敢えて仏にはならずに修行を続けよう）という願いがあるのですが、この「色」の原語はサンスクリット語のヴァルナ（varṇa）という言葉で、もとは文字通りの色（皮膚の色）を指していたものが、やがてカースト（階級・身分）を指す言葉になったものです。これはインドに侵入して差別的なカースト社会を打ち建てたアーリア人が、先住民よりも皮膚の色が白かったことに由来すると言われているのです。この第三願などはまさに現代の差別解消に関する人権規定と共通するものだと言えるでしょう。だからこれが「浄土の憲法」と言われるのももっともなことなのです。

また逆に世界人権宣言が「現代の本願」だというのは、次のようなことです。『仏説無量寿経』には、阿弥陀仏の前身である法蔵菩薩が、師である世自在王仏の下で、二百十億の諸仏の国土の善悪を見極めた上で、さらに「五劫」というとてつもなく長い時間をかけてそれについて思惟し（注：「劫」とはサンスクリット語　kalpa　の音写で長い時間を表現する言葉。仏典では、四十里四方の大石を天人の羽衣で百年に一度払い、その大石が磨滅して無くなっても「一劫」という時間は終わらないなどと譬えられている）、それで建てた願いが四十八願であるという物語が語られています。そして、法蔵菩薩は四十八願を実現するための修行をし、願が成就して阿弥陀仏になったというのです。私は人権委員会・起草委員会から第三回国連総会に至る約二年間の世界人権宣言の起草過程における議論を調べている間、常にこの『仏説無量寿経』の物語を念頭に置いていました。というのは、世界人権宣言を起草した当時のほとんどの国である五十八か国の代表者たちは、それまでにあったあらゆる国の憲法や国際人権文書を参照しながら、激しい論争を繰り広げて作り上げたのが世界人権宣言だったからです。このように、世界人権宣言の三十か条を起草する過程は、法蔵菩薩が四十八願を立てる過程に似ていると思ったのです。

以上のように、世界人権宣言と阿弥陀仏の四十八願は、戦争や差別をなくしたいという願いの方向を同じくしていると見ることができるわけです。これは仏教と人権の共通点の一つだと言ってよいでしょう。

ただ、仏教と人権には相違点もあることを考える必要があります。それは、前に人権は西洋近代で生まれたものなので、仏教の教えとは合わないと考えている仏教者がいると言ったことと関係する問題です。また、実は「世界人権宣言」というタイトルの英語は〝Universal Declaration of Human Rights〟ですから直訳すれば「人権の普遍的宣言」となるのですが、果たして「人権というものが本当に普遍的なものなのかどうか」という問題も、仏教と人権というテーマには関係があります。が、「人権が普遍的なものかどうか」という問題には、世界人権宣言に挙げられたような「個別の一々の権利が普遍的に適用できるものかどうか」という意味もありますが、もう一つ「そもそも権利という考え方は普遍的なものだと言えるのか」という意味もあります。「仏教と人権が合わないのではないか」と言う場合には、主として後者が問題なのだと思います。つまり、「仏教に権利という考え方があるかどうか」を問う必要があるということです。そこで、この問題をさらに明確にするため、私が横浜国大の院生だった時代に大きな影響を受けたジャック・ドネリー（Jack Donnelly）というアメリカの国際政治学者の人権論を紹介しておきたいと思います。

１９８０年代以降、人権論争の的となってきたこととして、「人権の普遍性と文化相対主義」の問題がありましたが、この議論の中では様々な形で非西洋的人権論というものが主張されていました。が、ドネリーは、「非西洋にも人権思想がある」というほとんどの主張に、「人間の尊厳（human dignity）」と「人権（human rights）」、「義務（duty）」と「権利（right）」の混同があるという批判をしました。確かに、多くの伝統社会が「人間の尊厳」に当たる考え方は有するけれども、それが「権利保障」の形では保護されてこなかった、また、例えば「イスラーム流の人権」とされる「生命の権利」は実際には「殺すなかれ」という神の命令にすぎず、「中国流の人権」とされる「繰り返し中国史の中で表現された革命の権利」も「為政者が天に対して負う義務」にすぎないものである、と言うのでした。そして、すべての人がただ人間であるということだけを根拠に、国家と社会に対抗して行使しうる平等かつ不可譲の権利を有するという人権の考え方、すなわち近代国家と資本主義の脅威から人間の尊厳を権利保障によって保護しようとする思想は、西洋近代において出現したものであって、その意味では人権は特定の歴史から出て来たものだという特殊性を有するけれども、近代国家と資本主義が世界的に行き渡っている現代においては、それに対抗して人間の尊厳を保護するためにも人権は普遍的に受け入れられるべきものとなっていると言うのでした。そしてドネリーは、近代国家と資本主義を輸入したなら人権も一緒に入れるべきだというのは、車を輸入したならシートベルトも付けて交通法規や免許制度も確立すべきだというようなものであるという喩えを用いて、人権の普遍性を主張していました。

私はこのような議論に接してから、かつて私も運動家として生きていた頃にはそういうことをしてしまっていたのですが、例えば「親鸞にも人権思想がある」などと言って、仏教と人権を安易に結びつけようとしたのは問題ではないかと思うようになりました。が、人権研究を始めてから関連する文献を調べてみると、さすがに研究者の中にはそれほど安易に両者を結びつける議論はあまり見られず、仏教に文字通りの「権利」思想がないことは、人権思想を評価する人たちにも共有されていることでした。が、その上で、この両者を結びつけることに肯定的な立場からは、仏教に文字通りの人権思想はないけれども、それと同じような機能を果たすもの、つまりある研究者の言葉を用いるならば「人権の機能的等価物」ならあるのではないかというような見方が提示されていました。そしてさらに、そうした機能的等価物を仏教の教えのどこに求めるのかについても考えの違いがあって、ある人は「仏性」に求め、また別の人は「縁起」の教説に求めようとしてきたということがあったわけです。

他方、両者を安易に結びつけることに反対してきた人は、仏教に「権利」思想はないということを事実として証明しようとしたというよりもむしろ、たとえ「機能的等価物」にすぎないとしても、仏教の中にそのようなものを求めない方がよいという主張をしてきたのだと考えることができます。なぜなら、そのようにして仏教と人権を結びつけると、人権思想に含まれる原子論的・利己的な個人主義を仏教に導入することになってしまうからであり、また権利という言葉を採用することで異文化間のコミュニケーションが促進されるかどうかも疑問だからであり、さらに権利概念に頼らなくても他に社会倫理の基礎は豊富にあるからである、というようなことが言われてきたわけです。

議論をここまで詰めてくると、結局、人類社会の倫理道徳としては、何を基礎に置くべきなのかということが問題になってくるのだと思います。私自身、世界人権宣言の研究を始めたのには、それが現代における普遍的な倫理道徳の最有力候補だと思っていたということもありました。しかし、言われてみれば、倫理道徳の基礎には「権利」以外のものもあるのは間違いありません。アメリカの法哲学者ロナルド・ドウォーキンは有名な『権利論（Taking Rights Seriously)』において、政治理論には「権利を基礎に置く（right-based)」もの、「義務を基礎に置く（duty-based)」もの及び「目標を基礎に置く（goal-based)」ものがあるということを言っていました。「目標を基礎に置く」政治理論というのは、例えば、社会全体の功利・効用を最も優先すべき第一のものとして「最大多数の最大幸福」を実現するためには個々人の権利は後回しにする功利主義や、集団主義的に革命を目指すマルクス主義のようなものを念頭に置けばよいと思いますが、今はこの立場の問題には立ち入りません。人類社会の倫理道徳の主流が「権利を基礎に置く」ものになってきたのは、第二次大戦後にそれこそ世界人権宣言から始まる国際人権の発展やアメリカの公民権運動に代表されるような「権利革命（rights revolution)」を通してであって、それ以前は倫理道徳の基礎にあるのはずっと「義務」だったのではないかと思います。

権利と義務のどちらを倫理道徳の基礎に置くべきかは、権利があるからそれを実現するためになさねばならない義務があると考えるのか、それとも義務があるからこその権利であって、権利など義務のもたらす反射的利益にすぎないと考えるかということだとすると、前者には、仮に義務があったとしても権利を有する人からそれを果たすことが要求されなければ、何もする必要はないことになってしまうという問題があり、後者には、義務を有する人がそれを果たしてくれないと、いつまで経っても権利の訴え自体が認められないという問題があると思います。が、権利と義務の優先順序の問題は、どちらも百パーセント正しいということはないので、要はバランスの問題だと思うのですが、現代のいわゆる「西側諸国」においては、「義務」や「責任」よりも圧倒的に「権利の話法（rights talk）」が支配的なものになっていると思いますので、権利を基礎に置く考え方の方を、より批判的に検討する必要があるのだと思います。

実際、「権利の話法」に対しては、人々を「結束」させるよりも「バラバラにしてしまった」のではないかとか、それこそがかえって政治的言説を貧困なものにしてしまったのではないかとか、といった批判が向けられています。例えばアメリカの中絶をめぐる「産む・産まぬに関する女性の自己決定権」対「胎児の生命権」の間の和解不能な激しい分断や、道徳的に好ましくない権力濫用があっても、法的に裁かれない限り責任を取ろうとしない日本の政治家のあり方などは、「権利の話法」の産物だと言えるのではないでしょうか。また、実際問題として、過剰な権利主張の結果として権利もインフレを起こす虞があるという指摘もなされてきました。

このような問題を念頭に置くならば、私は仏教と人権は安易に結びつけるのではなく、その間に一種の緊張関係を設定する方がよいのではないかと思います。もし仏教に「権利」の等価物を求めるならば、それはむしろ「煩悩」と化す虞のあるものだと考える必要があるのではないかと私は思うのです。これは「権利イコール煩悩」という意味ではなく、場合によっては前者が後者になってしまう虞があるという意味ですし、また、かつて仏教者には、労働者の当然の権利を安易に「煩悩」として片づけるようなこともしてきてしまった過去がありますので、その点には反省を要すると思います。が、現代ではむしろ、権利が衝突し合ったり、インフレを起こしたりするという問題の方を重く見るべきではないでしょうか。そこで、権利が煩悩と化してしまう場合があることを認識することによって、権利主張があまりに過熱して衝突し、収拾がつかなくなる場合には、仏教はそれを醒ますことができるのではないか、むしろ仏教の人権への関わりの意義はその点にあるのではないかと、私は思うようになったのです。仏教は「権利」を積極的に基礎づけるのは得意ではありません。でも、その抑制が必要な場合には、結構よい役回りができるのではないでしょうか。そして、人権が真に万民に保障されるためには、権利衝突を調整するメカニズムを備えることが必須不可欠だと思いますので、とかく過熱しやすい権利を醒ますのも、人権思想に対する立派な貢献だと言えるように思うのです。

以上、仏教と人権の共通点と相違点を述べました。取りまとめると、戦争や差別をなくしたいという大きな願いとしては、両者は共通していると言えます。が、そのための手段として何を用いるのがよいかを考えると、いついかなる場合でも「権利」を基礎に置かねばならないというものではありません。否、そもそも「権利」という考え方は、先に差別との関わりで述べたように、対立不能な衝突を回避する物差しとしては有効なのですが、しかし権利には「物差し」、つまり「手段」以上の意義はないのだと思います。が、そういうものとしては、権利はとても重要なものですし、有用なものでもあります。仏教者はそれまで否定すべきではありません。でも、権利はあらゆる倫理道徳の基礎に置くほどのものではないのです。仏教的に見れば、それはむしろ煩悩と化す虞があるものとしてコントロールすべきものだと思います。要は、権利は賢い使い方をすべき手段なのであって、絶対的な価値を持つようなものではないということです。私はこのような考えに至りついたことによって、それまでは私もかかっていた「人権の熱」から少しずつ冷めてきたように思います。

それでは次に２０００年代の話に移りたいと思いますが、ここで少し私の離婚に関する後日談を述べておきたいと思います。

■離婚その後――生涯かけて背負うべき課題

私は議員秘書となって再び東京に来た頃から、離婚した前妻及び二人の男の子とできれば年に一度は会う機会を持ちたいと思い、それで連絡したら応じてくれました。離婚の経緯から考えれば、子どもは父親なる者についていろいろなことを周りの人から吹き込まれて育つだろうと思われましたので、大して褒められた者ではないどころか、会えばかえって嫌になるような者だとしても、無用な偏見や憎悪を増幅させないためには、とにかく実物の私を見てもらっておいた方がよいだろうと思い、年に一回の面会を提案したのでした。

が、実は、その提案をした時、私は離婚調停での一場面を思い出していました。１９８９年に離婚が成立したとき、最後にほとんど儀式のようにして裁判官が出てきて、次のようなことを述べたのです。「女性の方はもう子どもを男性には会わせたくないと思われているかもしれませんが、子の将来の福祉を考慮するならば、男性の面接交渉権は保障されなければなりません。どうぞその点をお忘れにならないで下さい」と。その時の裁判官は非常に若い人で、おそらく今までに人生の修羅場など体験したようには見えませんでしたが、しかし形式的な言葉であっても、このようなことを確認することは、とても重要なことなのではないかと私は思わされるとともに、儀礼を行う僧侶の仕事にも似たところがあると思いました。若い僧侶には何の体験もない場合が多いので、本当は仏教の教えなど何も分かっていないことが多いはずですが、それでも法事の場などでは、適当にくだけた人気取りの話などするのではなくて、とにかく教えの言葉を使い続けることが重要なのではないかと思ったのです。いつかそれを受け取ってくれる人が出てくるはずですし、僧侶の側もそうしたことの繰り返しを通して、はじめて教えが身についてくるのだと思うのです。

が、それはともかく、そのようなわけで、確か１９９０年か１９９１年から１９９８年に上の子が高校に入る頃まで、ＰＫＯ国会などで忙しい時期もありましたので、毎年はできなかったと思いますが、三人と会って食事をしたり、テーマパークに行ったり、本屋で買い物をしたりという機会を持つことになりました。が、１９９９年になって、そろそろ半ば義務的に面会するのはここまでにして、後はもし子どもが会いたいと言った時に会うことにしようという話になり、前妻から本人たちに確かめてもらったところ、別に会いたくないということでしたので、それ以後は会わないことになりました。そこまで来たことに、私は何故だかほっとしたのですが、そういうことなので、今は三人がどうしているのかは分かりません。ただ、今はインターネットでいろいろなことが調べられますので、少しだけ検索してみたら、どうやら前妻は前妻のお父さんが農家の傍らでやっていた不動産業を立派に引き継いでいるようですし、上の子は何と理系（生物学）の研究者になっているようです。また、下の子も大学を出て物流関係の仕事をこなしているようなので、私としては安心するとともに、言葉にならない感慨がこみあげてくるものを感じています。私の調べが間違っていれば、これは単なる私の自己満足でしかありませんが。

今後、もう会うことはないかもしれませんが、万が一いつかまた何か御縁があった場合に、私はいったい何を言うことができるだろうか、ということを生涯の問いとして持っていたいと思っています。

第3章　２０００年代　日本仏教を中心にして、宗教について考えた時代

■鎌倉での短い生活——現代の葬儀事情を垣間見る

前に述べたように、横浜国立大学大学院国際経済法学研究科では世界人権宣言の研究で修士論文を書いて、１９９7年3月に修了しました。が、修士の期間は奨学金も借りられましたので、何とか研究に集中できましたが、その頃になると議員秘書時代に貯めたお金も残り少なくなってきました。そこで私は、秘書時代に知り合った大先輩で、鎌倉で葬儀社から紹介してもらって葬儀の仕事をしている人を頼って、その人に仕事の手伝いをさせてもらえないかと言いに行きました。

その人は富山県高岡市の真宗大谷派の寺に生まれた人ですが、かつて戦争に行って帰ってから高校の教員をされていた人で、日教組の活動をリードするような立場にあった人でした。が、教員を定年退職されてから僧侶の仕事をすることにされたのですが、高岡のお

寺はお仕事のない寺だったので、大谷派の寺院がない鎌倉に来て借家住まいをし、それで葬儀社から仕事を紹介してもらうということをしておられたのでした。私は議員秘書時代に人の紹介でその人と知り合い、鎌倉の住まいに泊めてもらって話し込んだことがありましたので、葬儀の仕事を手伝わせてもらえないかと思ったのです。ただ、１９９７年の４月にお訪ねすると、その人は急性白血病になっていて、すぐに入院されてしまいました。が、私の事情については理解していただき、その方が鎌倉でやっておられた仕事を引き継がせていただくことになりましたので、私は鎌倉に引っ越したのでした。

が、そうして葬儀社には紹介いただいたものの、最初はほとんど仕事が入ってきませんでした。そして、夏になるとその大先輩の僧侶も亡くなってしまいました。なので、私はしばらく疎遠になっていましたが、お互いもう昔のことは根に持っていませんでしたので、兄に頼み込んで名古屋の生家である正雲寺の「分院」として鎌倉での仕事を継続することにしました。すると夏の終わり頃から葬儀の仕事が入るようになって、少しずつお金も貯まってきましたので、改めて大学院の博士課程に行きたいと思うようになり、今度は一橋大学大学院法学研究科博士後期課程を受けて合格しました。そして、１９９８年の４月から再び大学院生になったのでした。

「今度は一橋大学大学院」を受けたというのは、実はその前年、横浜国大大学院を修了した時に、指導教授の先生方から勧められて、東京大学大学院法学政治学研究科及び総合文化研究科の博士課程を受けたのですが、受験に失敗して不合格となってしまいましたので、また同じところを受けてもダメだと思いましたし、当時はまだできることなら大学の教員になりたいと思っていましたので、そのためには行く学校を選ぶ必要があると思っていたからです。それに、前章では触れませんでしたが、実は私は秘書時代に「平和と人権・仏教者ネットワーク」という運動体を創設していろいろな活動をしていたのですが、その活動の中で知り合った女性（現在の妻である渡邉典子）と付き合いを始めており、その人が立川の寺の人だったことから、将来その寺で仕事をする可能性があると思っていましたので、立川の隣の国立市にある一橋大学に入ることができれば好都合だとも思っていました。

それで、一橋大学大学院に入って最初の六か月ほどは、鎌倉から大学に通うということをしていましたが、やはり遠いので通うのが大変でしたし、彼女の両親も高齢化してきて、そろそろ立川の寺も次の代のことを考えなければならなくなってきていましたので、私は１９９８年の秋には鎌倉のアパートを引き払って、一旦は国立のアパートに引っ越した後、結局、１９９９年の４月から、立川の光西寺に入ることになったのでした。が、光西寺は浄土真宗本願寺派（西本願寺）の寺ですので、私は２０００年になると真宗大谷派から浄土真宗本願寺派に転派することになりました。同じ真宗教団連合（真宗十派）に属する浄土真宗同士なので、十派の間には所定の協定があって必要な研修さえ受ければ転派することは比較的簡単なことなのです。鎌倉の仕事については、私は同朋大学時代に知り合った友人で、三重県いなべ市の寺の住職をしている出口聲楽さんに託すことにしました。出口さんはいわば出稼ぎできる寺を必要としていたからです。

そんなわけで私の鎌倉での生活はごく短いものに終わりましたが、そこでは現代の葬儀事情を垣間見た気がしました。既に大阪の生野区の寺に勤めていた時にも、専門会場化された現代の葬儀事情には触れていましたが、議員秘書になってすぐにやめてしまいましたし、そこでは責任者ではありませんので、以下に述べるような場面に遭遇することはありませんでした。私は鎌倉と逗子の葬儀社三社から仕事をもらっていたのですが、まずもってそうした仕事をする場合には、葬儀社に御布施のだいたい三割をバックマージンとして渡さないと仕事を紹介してくれません。が、葬儀社によって対応はまちまちで、ある所はそれが葬儀社内部でオープンになっていて、職員全員が知っているので、誰に三割を渡しても問題にはなりませんでしたが、別の所ではバックマージンは幹部の間だけの秘密になっているので、通常紹介料としては法外な額ではない一割だけをオープンに渡して、後の二割は葬儀の合間に幹部の人がこっそり受け取りに来るというような面倒なことに付き合わねばなりませんでした。また、別の所では職員間の内紛があって、別々の人が私に電話をしてきて、ある人はバックマージンなど渡さなくてもよいと言ってみたり、別の人は自分にだけそれを渡さなければならないと言ってみたりと違うことを言うので、本当に困ってしまったことがありました。このころ私はそういう現場にいて、「死の商品化」ということを考えるようになりましたが、後で少しだけ触れる最近の「終活」問題に接しても、やはり同様のことを思ってしまうということがあります。そのように、短い鎌倉での生活は、葬儀業界の裏側を垣間見たという意味で、終生忘れられないものとなったのでした。

■アンベードカル研究――研究生活の挫折

さて、一橋大学大学院に入った私は憲法（浦田一郎先生）のゼミに属することになり、研究テーマとしては、当初はインド憲法の起草者であるアンベードカルの憲法思想と取り組むことにしておりました。なぜこのテーマを選んだのかというと、アンベードカルはインドの被差別民であるいわゆる「不可触民」の出身で、にもかかわらずアメリカとイギリスに留学して法律を学ぶという最高の教育を受ける縁に恵まれた人で、第二次大戦後にインドがイギリスから独立する際に、カースト制度の存廃をめぐってガンディーと対立することなどを通して、最後はヒンドゥー教である限りインドから差別はなくならないとして、被差別民の仏教への集団改宗を指導した人だったからです。「不可触民解放の父」と呼ばれ、法務大臣として独立インドの憲法を起草し、最後に「インド新仏教の祖」となったアンベードカルの思想を研究することが、部落解放運動をはじめとする反差別運動を経験し、議員秘書を務めたことから法学研究の場に身を置くようになり、また僧侶の仕事もしている自分にとっては、何か宿命のように感じられたのです。また、アンベードカルの憲法・

人権の思想を、私は世界人権宣言の研究から得た「社会正義モデル」の観点から考えることができるのではないかとも思っていました。ですから、私は一橋に入った最初の二年間ほどは、それなりにその研究に打ち込み、博士論文の目次を示すことぐらいはできるところまで研究を進めました。

しかし、２０００年に入ると、だんだん私はその先に進めなくなってしまいました。というのは、一つには、１９９９年4月に私が光西寺に入ると、早々に先代住職（渡邉章心）が脳梗塞で倒れてしまい、私は葬儀の仕事などで結構忙しくなっていて、そろそろ住職を引き継がねばならない状態になってきていたからです。以前私たちは妻の方が住職となり、私は大学院で勉強しながら事務作業などでそれを支えるという話をしていたのですが、思ったより早く先代が病気になってしまったことで、葬儀や法事の仕事に関しては即戦力である私の方が住職を継がねばならない状況になっていたのでした。

またもう一つ研究上の問題もありました。アンベードカル研究については、その中の重要な問題としてインドにおける「補償的差別」の制度をどう評価すべきかという問題があったのです。それは、長年差別を受けてきたことへの補償として、例えば医科大学などに被差別民の特別枠を設けるという制度で、アメリカにおける黒人に対する差別の歴史を考慮したアファーマティブ・アクション（積極的差別是正措置）に似ているものですが、インドの場合は憲法上の規定に基づくもので、もっと固定的で大々的な制度としてなされてきたのです。私はそれについて理論的には一種の「人権の社会正義モデル」として説明できると考えていたのですが、何せインドに行ったこともなければ、当面それを確かめに行くような時間が取れそうにもありませんでした。実際、インド研究者が集まるある研究会で、アンベードカルの憲法思想について報告する機会を得た時に、ある先生から、私が言っていることなどは、現実を見ないで考えたきれいごとだといった意味の感想が述べられたこともありました。私はインドの現状を知らないので、それに対しては何も応えることができませんでした。

以上のことから、２００１年に住職を正式に継いだ頃、アンベードカル研究はもう続けられないと思い、憲法学の枠内なら「信教の自由・政教分離」の問題であれば、住職をしながらでもやりやすいのではないかと考えるようになって、研究テーマを変更することにしたのでした。と同時に、以前は宿命のように感じていたアンベードカル研究についても、生涯当事者として被差別民の利益を考えざるを得なかったアンベードカルと、何があったにせよ被差別部落の寺からは出ることができた私とでは、本質的に違っていると思わざるを得なくなり、彼の憲法思想に対する思い入れも私はしだいに失っていきました。

■住職になる――寺に定住したら「研究漂流」が始まった

住職になる頃に私は研究テーマを以上のように変更したのですが、憲法学において「信教の自由・政教分離」の問題は決してマイナーなテーマではなく、既に多くの人が取り組んでいる問題です。従って、私は一応、日本とアメリカの関連する主要な判例には目を通しましたが、それだけで自分の研究に独自性が出せるわけではありません。そこで私は宗教を題材にした憲法上の問題で、人があまり取り組んでいないような問題はないかと考えて、いろいろな問題を経めぐることになりました。私は高校を卒業して最初の大学に入った18歳の時から、光西寺に定住することになった42歳までの約24年の間に、第1章に記した「漂流舎」も含めて25回もの引っ越しを重ねるという「漂流生活」をしてきたのですが、いったん光西寺に定住して住職という地位を得て落ち着くと、変な話ですが、それ以後はかえって「研究漂流」が始まったかのようにして、研究テーマを転々と変えることになったのでした。今はその中で取り組んだ問題を一つだけ挙げておきたいと思います。

それは1980年代半ばに世間を騒がせた京都のいわゆる「古都税」の問題です。なぜこの問題に着目したのかというと、日本では憲法二十条に関係する訴訟のうち「信教の自由」の問題としては、例えばエホバの証人の輸血拒否のようなマイノリティの信仰の問題が目立つ問題として扱われる場合が多かったですし、「政教分離」問題の方では、元来この制度が国家神道を解体するためのものだったので当然と言えば当然なのですが、もっぱら三重県津市の地鎮祭訴訟から始まって、山口県の自衛官護国神社合祀訴訟、大阪府箕面市の忠魂碑訴訟、愛媛県靖国神社玉ぐし料訴訟、そして首相の靖国神社公式参拝違憲訴訟といった神道関連の問題ばかりに焦点が当たってきました。が、神道と並ぶ日本のもう一つのマジョリティの宗教である仏教の問題が正面から論じられることは、ほとんどありませんでした。しかし、日本人の日常生活にある意味では神道以上に溶け込んで「習俗」と化した感のある仏教のあり方を問い直さなければ、日本において真に「信教の自由・政教分離」という憲法原則を根づかせることなどできないのではないかと、私はそう思って「古都税」問題をきっかけに日本仏教のあり方を問い直してみようと思ったのでした。

古都税とは、１９８５年から１９８８年の間、京都市古都保存協力税条例によって京都市内の文化財の保存整備推進のために徴収されていた税です。が、市内の有名観光寺院がこの税に反発して拝観停止といった実力行使に出たことが当時世間を騒がせました。また京都仏教会の寺院は、拝観料への課税は宗教行為に対する課税であり、信教の自由を侵害するものだとして条例差し止めの訴訟も起こしました。また、いろいろ調べてみると、実はこうした宗教的文化財鑑賞税の問題は、既に１９６０年代に奈良県文化観光税条例が同様の訴訟になっていましたし、他に栃木県日光市や岩手県平泉町など有名な宗教的観光資源がある所でも、同様の問題が起こっていました。が、そうした問題を詳細に記した著書や論文はあまりありませんので、私は時間を見つけると京都や奈良の裁判所や日光の図書館に行って、関連する判例や事件の記録を見せてもらい、日がな一日その場で判例や記録の重要だと思われる箇所をノートに手書きで写してくるというような、気の遠くなる作業をしていたものです。事件の関係者しか記録のコピーはできないということだったからです。

ところが、そこまでやったのに、この問題は追っかけて行くと、もう今では細かい点は忘れてしまいましたが、問題が見えないところで政治的に片づけられた感があって、だんだん意味が分からなくなってくるということがありました。結局、反対が強くて京都の古都税そのものがわずか三年で廃止されましたし、京都仏教会の方も訴訟を取り下げてしまったので、観光寺院の拝観が果たして宗教行為と言えるかという信教の自由に関わる問題も、また宗教と税制・宗教と文化財といった政教分離に関わる問題も、きちんと検討されるには至らなかったのでした。この有耶無耶な事態の終結はそれこそ日本の寺のあり方そのものではないかとも思いましたが、いずれにせよ、そんなことから私はこの問題を追っかけるのを止めてしまうことになったのでした。

この問題の他にも私は２００５年の頃ですが、アメリカのいわゆる「進化論裁判」（「創造論対進化論」論争）の問題にも熱中した時期がありましたし、「政教分離」の問題を単に法的に政治と宗教を切り離せばよいということではなく、むしろ両者のあるべき関係を考えるべきだということから、「政教関係の倫理」として問題を捉え直そうとして、関連するアメリカの法哲学・政治哲学に関する議論を調べていた時期もありました。詳細は省きますが、「進化論裁判」に関しては、聖書の天地創造説を史実として信じなければならないという原理主義的な創造論者の圧力によって制定された、学校で進化論を教えることを禁ずる法律をめぐって争われた有名な「スコープス裁判」（通称「モンキー裁判」）が１９２５年にありましたが、１９８２年にはアーカンソー州で争われた同種の裁判で、大々的に専門家証人を採用して「宗教と科学」の関係について突っ込んだ議論がなされた「マクリーン裁判」（通称「第二スコープス裁判」）があって、私はその裁判を追っかけていましたので、その頃たまたまアメリカに旅行した友人（黒葛原麻衣子さん）に頼んで、わざわざアーカンソーに立ち寄ってもらい、その記録を調べて注文してきてもらったことさえありました。が、結局、その研究も最後まで続けることができませんでした。

ただ、私はどの研究においてもその時々には全力で取り組んでいましたので、もう少し我慢して続ければどの問題も博士論文を書けそうなのに惜しい、というようなことも言われたことがありました。そして、指導教授の浦田先生からは時々「なぜ寿台さんは、そんなに何度もテーマを変更するのですか?」と聞かれたこともありました。それを問われるたびに私はその都度いろいろな答え方をしていましたが、あまり納得していただけませんでした。が、最後に申し上げたのは、「私はこれで飯を食っているわけではありませんので、変えたくなれば変えればよいと思っているからです」ということでした。結局、浦田先生はこの答えに一番納得されたようでした。当時私は住職に就いたということもあって、もう大学に勤めたいという思いは全くなくなっていたのです。

■日本の宗教構造――国の宗教・家の宗教・個人の宗教の三層構造

ただ、以上のように住職をしながら研究漂流を繰り返す中で、日本の宗教構造が見えてくるということもありましたので、ここでそれを述べておきたいと思います。

日本の宗教構造は、宗教学的にはよく「シンクレティズム(syncretism)」という言葉で説明されます。「重層信仰」と訳される言葉で、生まれた時は神社に参り、結婚式はキリスト教会で行い、葬式は仏式でするという日本人の宗教行動のありようが、その説明として引き合いに出されることが多いです。

が、「重層信仰」と言っても、あらゆる宗教が均等に入っているというよりは、その実際はやはり「神仏習合」という意味が強いと思います。但し、前近代における習合は仏教優位のものだったと言えるでしょう。神仏習合の理論的根拠である「本地垂迹説」がそれを表わしています。仏・菩薩を「本地」とし、日本の神々を「垂迹」とする本地垂迹説では、仏の方が「本」なのですから仏教優位の習合だったと言ってよいと思うのです。垂迹というのは、仏教の仏・菩薩が仮に八百万の神々の姿をとって現われたという意味です。

ところが、近代に入ると明治政府ははじめ神道国教化政策を押し進め、それに基づいて仏法を廃し釈迦の教えを棄却することを意味する「廃仏毀釈」を行いました。けれども、これは早々に失敗して、文字通りの神道国教化政策は放棄されます。それで、政府は仏教を利用する政策に切り替えるのですが、仏教の側もそれに乗って生き残りをかけるようになります。そこに誕生したのが、戦前のいわゆる「国家神道体制」です。

これは単純に神道を国教にしたということではありません。戦前の宗教政策は諸事情によって紆余曲折を経たものですが、一つには幕末に結ばされた不平等条約を改正するためにも、日本は近代化に向かっていることを示さねばならないというようなことから、大日本帝国憲法にも限定的ながら「信教の自由」条項が設けられました。そのため、神社参拝という宗教的な行為を強制することはできなくなり、結局、「神社は宗教にあらず」という神社非宗教論に基づいて、神社の管轄官庁は宗教を管轄する文部省ではなく内務省ということになったのでした。「宗教」ではなく一種の「国民道徳」のようなものならば、学校や地域で神社参拝を義務付けることも可能になるからです。また、明治政府を下支えした最大の仏教勢力だった浄土真宗（東西両本願寺）としても、神社が宗教でなければ門徒がお参りしても見逃すことができるということがあったようです。浄土真宗はかつて「一向宗」と言われたほどで、礼拝の対象は阿弥陀仏だけという性格が非常に強いので、たとえ仏教に属するものであっても、阿弥陀仏以外の仏・菩薩を拝むことさえ認めないのです。が、そのようにして仕組み直された近代以降の神仏習合は、むしろ神道優位の習合になったと言えるのではないかと思います。そのため、仏教そのものが近代において非常にナショナリスティックなものとしてアレンジされたのではないかと思われるのです。

私が勤務する光西寺の門徒総代の一人に、もう亡くなった人ですが、一方で寺の総代をしながら他方では熱心に稲荷神社の世話もしている人がいました。その人は浄土真宗地帯である新潟県出身の人でしたが、ある時、彼は私に対して一種の言い訳として次のようなことを言いました。「うちは代々浄土真宗で門徒だと言いながら、お稲荷さんの世話もしているけれど、あれは地域の付き合いだからやっているのだ」と。これを聞いて私は、我が家の「宗教」は浄土真宗だが、稲荷神社の世話は地域の「付き合い」として行っているというのは、これこそまさに戦前の神社非宗教論によって形成された精神構造ではないかと思いました。

以上のことに関連して、私はまた信教の自由・政教分離訴訟の有名な判例の一つである山口自衛官合祀訴訟を想い起こします。自衛官が殉職して山口の護国神社に合祀されたところ、妻が合祀の取り下げを求めたという訴訟ですが、その記録を読んでいて、私はそこには日本の宗教構造が見事に表れていると思ったのです。

この件において亡くなった自衛官は個人として特定の信仰は持っていなかったようですが、奥さんはクリスチャンでした。また、この自衛官の家は浄土真宗の門徒でした。山口県は浄土真宗地帯なのです。そして、問題になったのはこの自衛官が護国神社に祀られたということです。ここには、三つの宗教の絡みが鮮明に表れています。つまり、個人の宗教と家の宗教と国の宗教の三つです。この場合、個人の宗教とは奥さんのキリスト教であり、家の宗教とは自衛官の家が属する浄土真宗であり、国の宗教とは自衛官が祀られた護国神社です。本件ではこの自衛官の葬式は浄土真宗式で行われたようですが。奥さんも夫が特別信仰を持っているわけではなかったので、家の宗教を尊重して葬儀や法事には参列していたようです。しかし、還ってきたお骨は自らの信仰に基づいて教会に持って行ったのではなかったかと思います。それで、拒否しているのに、護国神社の合祀がなされてしまったので、訴訟を起こしたのだったと思います。

この訴訟記録から読み取れる個人の宗教・家の宗教・国の宗教という宗教の三層構造は、この件だけの問題ではなく、日本の宗教構造そのものを見事に表すものだと私は思います。現在でも、この基本的な構造はあまり変わっていないのではないでしょうか。この訴訟は憲法学ではお馴染みのものなのですが、憲法研究者は一般に法原則に関する観念的な説明に終始する場合が多いので、せっかく裁判記録にはこれほど鮮明に日本の宗教構造が表れているのに、それがあまり指摘されてこなかったのはもったいないという気が私はしていました。

■世俗化の問題――宗教は衰退しているのか？

そのように憲法学という学問はあまり宗教の実態に踏み込むことはないのですが、やはり私は宗教の現場で働いているわけですから、宗教の社会的なありようを問題化できるものという意味で、私の研究はしだいに宗教社会学へと近づくようになりました。そして、その中で「世俗化」という問題について集中的に考えた時期がありました。

世俗化とは近代化に伴って進展するもので、そこには「聖俗の分化」「宗教の衰退」「宗教の私事化」という三つの意味があるという見方があります。まず、政治とか芸術とか、もとは宗教の中に一体化していた様々なジャンルのものが、分離していくというのが「聖俗の分化」で、近代化の中で各々の専門領域にしだいに「分化」していくのは避けられないことだということです。また、そのように各領域に宗教の支配や影響が及ばなくなるわけですから、「宗教の衰退」とか「宗教の周辺化」とかということが起こるわけで、一般に世俗化というとこの意味で考えられる度合いが最も強いと思います。宗教がそれまで持っていた権威や公的な役割を失っていくということです。従って、世俗化にはもう一つ「宗教の私事化」という意味があって、宗教はしだいにパブリックなものからプライベートなものへと変化していくというわけです。

私が住職になって世俗化論に関心をもつようになったのは、小さい頃から見聞きしてきた寺のありようがこの理論で説明できると思ったからです。例えば、私は父が名古屋の生家の寺でなぜ幼稚園や保育園を経営することになったのか、という次のような話を聞かされて育ちました。

私の生家は名古屋では大きい方の寺院で、昔は白壁の立派な塀で囲われていたと言います。戦前の小学校の校歌には寺の名前も入っていました。「つぶすな（産土）あさま（浅間）のみやしろ（御社）は　もとまへだし（元前田氏）のまもりがみ（守り神）　きた（北）にそび（聳）ゆるおほてら（大寺）は　しんしゅー大たに（真宗大谷）正雲寺　とーも（共）

にしんこうあつ（信仰厚）くして　ひーと（人）のさんけい（参詣）た（絶）えま（間）なし」という校歌が戦前は歌われていたのです。このように私が生まれた下之一色という町では、土着の神を祀る浅間社（神社）と真宗大谷派の正雲寺が町の宗教的シンボルだったわけです。

ところが、戦後になると、寺の門前で露天商を営んでいる人たちから「塀が邪魔だ」と言われるようになったそうです。先の校歌では正雲寺は町の「北に聳」えていたということですが、それはかつて漁師町だった下之一色の中心が南の魚市場の方にあったということを示しているのですが、中心がだんだん北の方に移ってきて、寺の門前の通りに海産物を広げて売っていた人たちから、こんな白壁など町の発展にとって邪魔ではないかというような声が出たことから、結局、寺としては壁を壊して賃貸しのマーケットにせざるを得なくなったということでした。戦後に岐阜県の大垣市に近い農村の寺から嫁いできた母から聞いた話ですが、結婚前に正雲寺に来た時には立派な白壁があったのに、いざ嫁いで来たらマーケットになってしまっていたということでした。なので、私自身はかつての白壁など想像さえできませんでした。ただ、そういうことを通して町の中心が北の方に移った

のだと思いますが、私が見慣れた寺の門前の通りはいつも活気に満ちた商店街となってい
たわけです。

そして、その中で当時はまだ境内地に庭として残っていた空いた土地に目を付けて、そこに映画館を建てることを計画していた人があったと言います。その中心人物は寺の門前で酒屋を経営していた人で、かつて漁業組合長もやっていたことから社会党の国会議員にまでなった人だったそうです。映画館を作れば、映画を見に来た人たちが立飲みもできるようになっていたその酒屋に寄って、一杯やっていくと考えたのだということでした。父はこの計画が耐え難かったということで、それでその空いた土地に幼稚園を建てることにしたのだと言っていました。幼稚園経営ならば寺がイニシアチブを握ることができると考えたのです。そのようなわけで、とにかく私は物心ついた時から、境内地の四分の一ぐらいは幼稚園に占められ、マーケットに囲まれている寺の姿しか知らなかったのです。そして、本堂の前の参道にマーケットの魚屋さんが、よく勝手に干物を干していましたので、私は小さい頃から魚のにおいが鼻につく中で育ったということがありました。

光西寺の住職になってから目を向けるようになった世俗化論によって、私は小さい頃か

ら聞いてきた現代の寺のあり方が、はじめて理解できる感じがしたのでした。つまり、おそらく当初はむしろ正雲寺に寄りかかって商いを始めた門前の露天商がマーケットになっていったのは、戦後経済発展を最優先する傾向が進む中で、経済が寺の支配から「分化」したことを示しており、境内地に映画館を建てる話などはまさに「宗教の衰退・周辺化」を示すものだと思うのです。ただ、「私事化」の問題については、もっと複雑な事情があるので、後でまた触れることにしたいと思います。

それから、以上のように考えると、父は世俗化に抵抗して幼稚園経営を始めたと言えるのですが、その後、彼は保育園も経営するようになって、しだいに寺よりも園の方に力を入れるようになりましたし、その後を引き継いだ兄と母の一体的な協力関係の時代を経て、現在は私の甥（寿台順章）が幼稚園・保育園から「仏教保育」の看板と要素を消して、すべて寺の外に移転して事業を拡張しましたので、このような幼児保育に関わることもやはり宗教からは分化してきたわけで、その意味においてはこれも世俗化の一つであると言えるように思います。さらに、最近私はいつ生家に行っても、もはや今では完全に限界集落化しつつあるこの町の通りは、いわゆるシャッター通りのような、まったく活気の失せたものになってしまっています。これはこれでとても深刻な問題だと思いますが、そういうことも甥が世俗化した園を寺から外に出して、一応事業としては「成功」しているように見えることと関係するのかもしれません。

が、とにかく、以上のように世俗化論というものは、現代の寺と仏教のあり方を考える場合にも、非常に有用なものだと私は思います。

ただしかし、「聖俗の分化」「宗教の衰退」「宗教の私事化」の三つの関係はすべてが一緒に同じ方向に向かって起こるというような単純なものではありません。例えば、現在日本の葬儀は「家族葬」が主流となっていますが、これは以前「密葬」と言っていたものが、こう呼ばれるようになったものです。そこには、「密葬」と言うと何か後ろめたいマイナスイメージを拭えなかったものが、「家族葬」という言葉に置き換えられることによって、プラスイメージをもつものになったということがあるわけです。が、実は「密葬」も「家族葬」も英訳するとどちらも「プライベート・フューネラル（private funeral）」と訳されるようなので、実際には同じものなのです。また最近起こっていることは、かつて葬儀はパブリックなものだったのですが、それが私事化して「家族葬」が主流となったのだと見ることもできます。その意味では、葬送儀礼においても私事化という意味での世俗化が起こっているとも考えられるわけです。

が、それならば、そういう形で宗教は衰退していると言えるのかというと、必ずしもそうは言えないと思います。以前、1980年代に私が僧侶の仕事を始めた頃は、「葬儀など世間体でやっているのだ」ということを言う人は多かったと記憶しています。そこには、「本当はこんな面倒なことはしたくないのだけれど……」といったニュアンスが含まれていました。でも、今のように家族葬が標準的なものになると、「世間体でやっている」などと言う人に会うことはなくなりました。もし葬儀が世間体だけで成り立つものなら、現在はとっくに皆やめてしまっていることでしょう。「世間体でやっている」という言説は明らかに葬儀の世俗化を示すものだったと思いますが、現在のような状況になると、葬儀の意義を世間体のような世俗的な機能では説明できず、やはり何らかの意味での霊的・宗教的な観念がなければ葬儀自体が成り立たないのではないか、ということがハッキリしてきたのではないかと思います。さらに、「多死社会」ということが言われるようになった現在では、葬儀の数自体は以前よりもずっと増えていますし、しかも世間体などと言わない分だけ、参加者は嫌々参加しているわけではないようにも見えるのです。つまり、家族葬の流行は明らかに「宗教の私事化」を示していますが、決して「宗教の衰退」を示すものではないのです。むしろ私事が堂々と行えるようになったことで、かえって盛んになっているとさえ言えるようにも思います。このように宗教の「私事化」と「衰退」は必ずしも比例するものではないというわけです。

なお、「家族葬」という言葉は非常に新しく、その流行は2010年代以降のことなので、その意味では次章で取り上げた方がよいような事柄ではありますが、しかしこれも宗教の私事化の一つとして起こっていることだと考えるならば、現在に至るまでにもそれは進行してきたことだと言えます。最近、特に2010年代以降は「終活」という名の下に、その時々の葬儀に関する流行現象が近視眼的に語られる場合が多いのですが、そのような語り方では物事の本質が見えなくなってしまいますので、敢えて私が世俗化論について集中的に考えたことを述べる本章において、最近の「家族葬」の流行の意味も述べることにしました。

また、世界の宗教状況に目を向けるならば、１９７９年のホメイニを指導者とするイラン革命を契機にして、中東をはじめとする世界各地で「イスラム復興」ということが叫ばれるようになり、この間、原理主義的な政権がいくつか誕生するようになりました。さらに、アメリカの福音派(Evangelical)やキリスト教原理主義(Christian fundamentalism)の激しい活動についても報じられるということがありました。これらの運動は「宗教の衰退・私事化」は勿論のこと、「聖俗の分化」さえ認めないものです。ですから、こうした活動が活発になってきていることから、宗教社会学ではもはや簡単に世俗化論を主張することなどはできなくなったということも言われています。世俗化論などは西欧の一時期の現象を指して言われていただけで、最も近代化しているアメリカにさえ通じない議論であるということも指摘されるようになりました。

従って、以上に述べたことから、日本の宗教について語る際にも、よくあるように「日本は無宗教の国だ」などという根拠のない思い込みで語らない方がよいのではないかと、私自身思うようになりました。ですが、単に宗教は衰退しているという思い込みに閉じこもるためにではなく、現在の宗教状況がどういうものになっているのかを考えるための物差しのようなものとしてなら、私は今でも世俗化論は有効ではないかとも思っています。

■日本仏教の課題――ナショナリズムと宗派割

本章の最後に、日本仏教の課題について確認しておきたいと思います。私が住職になった頃から光西寺ではいろいろな学習会を催してきましたが、そうした催しの一つとして専門の仏教学者を呼んで「仏教講座」も開いてきました。２００３年からは駒澤大学及び同大学院で学んだ岡本一平さんという仏教研究者に来ていただいていますが、彼はお寺の出身者ではない分、純粋な学問的関心だけで仏教学をやって来た人です。それだけに彼からは学ぶことが多いのですが、以下に述べる日本仏教の課題は彼とのやり取りも通して考えてきたことである、ということを申し上げておきたいと思います。

日本仏教は「ナショナリズム」と「宗派割」という課題を抱えていると言えます。まずナショナリズムの方について、最近はあまり言えなくなってきたことですが、以前は長らく、日本は非西洋において唯一、近代化と経済発展に成功した国だということが言われ続けてきました。そして、それと軌を一にするような形で、日本仏教こそが世界で最高に発展した仏教だという自画自賛が、日本の仏教関係者の中では繰り返されてきました。

でも、それはあくまで日本国内での話です。世界的視野で見てみると、日本仏教は世界の端っこの仏教にすぎません。現実に世界で仏教を勉強する人が、日本仏教から勉強を始めるということはほとんどなく、当然のことながら、やはり発祥の地であるインドの仏教を勉強することが中心になるわけです。国際化の進展の中でそういうことがだんだん見えてきてしまったためかどうかわかりませんが、今の日本の仏教界は自信を喪失して、萎縮してしまっているという問題があるように思います。

また、そうした自信喪失ということと関係しながらですが、日本仏教のもう一つの課題として挙げた宗派割という問題があります。これについては、旧いものがいまだに残っているというよりも、むしろ国際化からさらにグローバル化への進展の中での自信喪失の裏返しとして、ますます意固地に「おらが村」の殻に閉じこもるような形で、形骸化した宗派に立て籠もろうとする度合いが増していると言えるのかもしれません。確かに宗派割には問題がありますが、しかし以前はまだ信者であればこれぐらいのことは身につけておくべきだということがハッキリしていました。例えば浄土真宗の門徒ならば、親鸞の作った正信偈はそらでも読めるとか、蓮如の御文章(御文)ぐらいはいくつか暗誦しているとか、ということがかつてはあったのですが、今はそういう門徒さんもほとんどいなくなりました。にもかかわらず、親鸞や宗派の名前だけただ連呼して空しく褒めそやすような人が、かえって増えているような気もします。今は立ち入りませんが、『歎異抄』人気にも同様の問題性を感じます。それについては、やはり昨年22世紀アートから出した『批判的に読み解く「歎異抄」――その思想のもつ倫理的課題――』をお読み下さい。

が、それはともかく、私は次のようなたとえを使って宗派割の問題を説明するようにしてきました。今は日本語の文書作成はパソコンにインストールされたワードのソフトなどで行うようになりましたが、パソコンが普及する前は日本語ワープロ専用機で文書作成をしていました。しかし、当時のワープロは家電メーカーや通信機器メーカー各社から発売されていましたが、それら各社の機器の間には互換性がありませんでした。同じメーカーのワープロでないと保存したファイルが読み出せませんでした。私が思うに、日本仏教の宗派割というのはそれに似ています。各宗派がそれぞれに宗学・教学というものを持っていて、お互いに自分の宗派の方が正しいと主張し合ってきたのですが、お互いに互換性のない言葉を使用しているので、同じ仏教徒としての対話が成り立たなかったのです。

実は、そういう問題は今に始まったことではなくて、近代に入ると日本の仏教者はヨーロッパに留学して、サンスクリット語やパーリ語を学び、近代仏教学を日本にも導入してきました。それで、東大や京大などの旧帝大にはインド学・仏教学を専門に研究する部門ができましたし、また駒澤大学や大谷大学・龍谷大学など各宗派の宗門大学では、宗派割ではない一般的な通仏教学と各宗派の宗学・教学の二本立てで大学の学部や学科を構成してきました。ところが、国立大学系の関連部門には先に触れたナショナリズムの問題をどう克服できるかという課題がありますし、各宗派の大学では通仏教学と宗派の学の関係が、良くて棲み分けただけ、悪くすれば通仏教学が宗学に奉仕するためのものとして捉えられて宗派割を克服できない、といった問題を抱えてきたということがあるわけです。

こうした問題は現在なお日本仏教が抱えている課題だと言えますが、そろそろ本当にこうしたことを克服する道を見つけないと、日本仏教は本当にダメになってしまうのではないかと思うしだいです。

以上、２０００年代は私にとって、日本の仏教のあり方を中心にして、宗教について集中的に考えた時代だったと総括した上で、次に現在まで続く最も新しい時代に話を移したいと思います。

第４章　２０１０年代から現在　生命倫理研究の時代

■改めて修士課程から生命倫理を学ぶことを決める――新たな研究の開始

前章で述べたように、私の関心が宗教に関わる法原則よりも、むしろその社会的実態の方が気になるようになって、研究もだんだん憲法学の枠には収まらないものになっていましたので、一時期、私は宗教社会学のできる研究科に入り直そうかと本気で考えていました。が、それにもなかなか踏ん切りがつかないでいたら、２００６年度いっぱいで指導教授の浦田先生が一橋を辞めて明治大学に移られることが決まってしまいました。そこで、私もその年度限りで院生生活をいったん切りにすることに決めたのでした。そして、それから数年間は、光西寺の催しだけに集中していました。ただ、機会があればまたどこかで何か研究を続けたいという思いは持っていました。

それで結局、次は生命倫理の勉強をするということに決めた経緯は、昨年22世紀アートから出した『現代の生老病死を考える――信仰と学問の場をつなぐ生命倫理――』の「まえがき」に記した通りです。今ここではそれを簡単に繰り返しておきたいと思います。２

009年の夏に臓器移植法の改正案が国会で審議されていた時のこと、当時光西寺では毎月課題図書を決めて読書会をしていたのですが、そのしばらく前にお連れ合い（智子さん）を亡くされた門徒の森谷武雄さんから、智子さんが危篤状態に陥る寸前に「延命治療はしないで欲しい」とおっしゃったという話が出され、脳死・臓器移植問題に関する本を読む機会を得たのをきっかけにして、私は生命倫理関係のいろいろな本を読むようになりました。そして、こうした問題は直接「生き死に」に関わってくることなので、比較的僧侶の仕事と両立しやすいと思い、もう一度、大学院に行き直そうと思ったのでした。それで調べてみて、出身大学である早稲田の所沢キャンパスにある人間科学研究科では、宗教学出身の土田友章先生が「バイオエシックス」（生命倫理）の指導をしておられることが分かりましたので、土田先生をお訪ねして同研究科の修士課程を受験して入ることが決まり、2011年4月から改めて生命倫理の勉強を始めたのでした。

■生命倫理を学ぶことの面白さ――自明ではない問題の前で苦悩すること

生命倫理の問題をやり出して面白いと思ったのは、その中のどのような問題を取り上げても、「生き死に」に関わる問題というものは、すぐに立場が決められるわけではないということです。それまでに私が取り組んできた問題は、右か左か、保守か革新かといった政治的立場が決まれば、それに伴って個別の各問題に対する立場取りも決まるという傾向がありました。国会議員の秘書をしていたわけですから、当然と言えば当然です。具体的には、私は社会党に属して平和と人権に関わる仏教者の諸活動に関わってきましたので、常に左翼的・革新的でリベラルな立場に立つように心がけてきましたし、秘書を辞めて大学院で人権や憲法の研究をし始めてからも、その立場は継続していました。

しかし、生命倫理の問題では、そのように政治的立場を決めさえすれば、それに伴って自動的に個々の問題に対する立場が決まる、というようなことはありません。例えば、臓器移植法の採決をする時には、確か共産党を除く他の政党はみな党議拘束を外したと記憶しています。「生き死に」に関わる問題は、個々人が自分自身の人生観・死生観や宗教観に基づいて決めるしかない問題なのだと思います。実際、そうした問題は、すぐに皆でまとまって答えが出せるほど自明の問題ではないことが多いと思うのです。

また、生命倫理の問題は、いわば思考実験として考える時にも、知的探求心をそそる問題であるという側面が強く、その意味での面白さもあると思います。が、当事者になった場合には、とても厳しい選択が迫られることになる問題が多いと思います。それについては、大学院で生命倫理を学び始めてからしばらくして、通夜の場で経験した次のような出来事を述べておきたいと思います。

それはある自営業を営む門徒さんの通夜・葬儀を勤めた時のことですが、その出来事を述べる前に、通夜・葬儀の一般的な手順について説明した方がよいと思いますので、そうします。私たちは通夜に行った場合には、通常はまず喪主の方々が僧侶控室に来られて、いろいろ必要事項についての確認をします。付けさせていただいた法名を披露したり、当日の式の流れを説明したりして、喪主の方々から不明な点について質問を受けたりするわけです。

少し話が逸れるかもしれませんが、お布施をいただくのも、従来は通夜の場が最も多かったです。ただ「従来は」というのは、最近ではコロナ禍ということもあって、それまでにもチラホラ登場してきていた通夜無しで葬儀のみの「一日葬」が増え、むしろその方が原則のようになってきたからです。でも、一日葬になることはあまりよくないことだと私が思うのは、そうなってしまうと、喪主の方々と会話することがほとんどなくなってしまい、どなたの葬儀を勤めたのかが記憶に残らなくなってしまうからです。以前、通夜をするのが原則だった時には、お勤めの後の会食の時にいろいろ話を聞くことも多かったのです。それで思い出すのは、古い映画で黒澤明監督の『生きる』という日本映画の名作がありますが、あの映画ではストーリーのかなりの部分がお通夜の場での会話を通して展開していきます。渡辺勘治という市役所で市民課長を務めている定年に近い主人公が、自分がガンであることを知ってしまったことから、それまではただハンコを押すだけのお役所仕事しかしてこなかったことを反省し、市民から要望があったのに聞き入れられなかった公園を、いろいろな困難を乗り越えて作るという物語ですが、渡辺は果たして自分の病気のことを知っていたのかどうかということを、市役所の部下たちが通夜の席で、いろいろな場面を回想しながら突きとめていくわけです。非常に感動的な映画なのですが、世の中から通夜というものがなくなってしまうと、そのように故人について真剣に語り合う場が、失われてしまうのではないかと思うのです。

が、ともかく、以前は通夜式が始まる前に喪主の人と話す中で、故人がどのような病気で亡くなられたとか、長く入院しておられたとか、或いは突然亡くなられたとかといった話も聞くことが多かったです。が、たいていの場合は、比較的簡単な確認で話が終わるのですが、その自営業を営む門徒さんの場合には、少し様子が違っていました。その方は60代ぐらいの男性で、お母さんが最後の入院で意識がなくなった時、医師からいわゆる延命治療を続けるかどうかの選択を迫られたのですが、きっとお母さんは家に帰りたがっているに違いないと考え、また自営業でお母さんを連れて帰ることも可能だったので、家で看取ることにしたということでした。

それで、お母さんが亡くなられて通夜・葬儀となったのでしたが、その方は僧侶控室に入ってこられるなり、すぐに本題に入って話を始められ、お母さんが亡くなってしまってから、やはりもっと病院に置いてあげて治療を続けた方がよかったのではないか、自分はお母さんの命を縮めてしまったのではないか、いくら考えても答えが出ないということを、何度も繰り返しておっしゃるのでした。それでなかなか僧侶控室を出て、通夜式の所定の席に着こうとはされないので、ソワソワし始めたのは葬儀社の人でした。何度も僧侶控室を覗いては、「まだでしょうか」というような顔をするので、そのたび私が手ぶりで「もう少し待ってくれ」と示すというようなことが続きました。

が、さすがに開式の時間直前になると、その喪主の方は時間に気づいて僧侶控室を出て通夜式の席に着かれたのでした。それで、私が入場してお勤めが始まったのですが、だいたいの場合、お勤めをしている時間は30分～40分程度で、私にとっては慣れたお勤めをしているわけですから、お勤め中はその後の法話について考えています。そして、ほとんどの場合、直前に喪主から聞いた話を入れ込みながら、「無常の理」とか「浄土往生」とかという教義的な話をすることにしています。が、その時はお勤めの直前まで喪主が本当に苦しんで答えが出ない状態にあることがひしひしと伝わる話を聞いていましたので、教義上の話の中に先ほど聞いたことを少し入れ込めば済むとは考えられませんでした。ですから、お勤めの間じゅう一体どういう話をしたらよいのかと集中して考えて、法話の時間になった時に、私は次のように「死に関わる究極の選択は両方試してみるということはできず、どちらか一方しか選択できない」という趣旨の話をしました。

――先ほど控室で○○さん（＝○○はその時の喪主の名前です）から、お母さんに延命治療を施さずに連れて帰られたことが、お母さんの命を縮めることになったのではないか、もっと病院で治療を続けてあげた方がよかったのではないか、と苦しんでおられるというお話をお聞かせいただきました。それで、こうした問題についてどう考えたらよいのかを考えながら、今私はお勤めをしていて、次のような結論に達しました。仮に、○○さんが逆にお母さんを病院に入れたままにして、ありとあらゆる治療を受けさせるようにした場合は、どうなるでしょうか。その場合には、逆に○○さんは過剰な延命治療を継続することでお母さんが苦しむ時間を引き延ばしてしまったのではないか、やはり家に連れて帰ってあげた方がよかったのではないかと悩まれることになったのではないかと、私には思われます。死に関わるような究極的な選択は、どちらも試してみるというわけには行きません。そして、こうした選択はどちらが絶対に正しいのかということについて、万人の合意は得られるものでもありません。なので、私たちはどちらか一方を選んだ上で、その選択したことの責任を取っていくしかないのだと思います。が、よく考えてみますと、私にはむしろ○○さんが、苦しみ悩んでおられることがとても大切なことではないかと思われます。というのは、私たちは故人が自分にとってどうでもよい人だったら、やはり別の選択の方がよかったのではないかなどと悩むことはないからです。故人との関わりが深かった分だけ、私たちはなかなか問題を簡単には片づけられずに苦しみ、悩むのだと思います。そう考えると、簡単に問題を片づけてしまうのではなく、そのようにお母さんのことを思って、○○さんが苦しみ悩んでおられる姿こそが、私には尊いものに思われます。それこそが、○○さんがお母さんと一緒に生きてこられた証しだからです。故人と共に苦悩してはじめて、私たちには追悼ということ自体が成り立つのだと思うのです――と。

その通夜式の後の会食時に、その喪主の方からは「お話を聞かせていただき、少し気が楽になりました」と言っていただきましたが、私が僧侶の仕事をしていて、最もやりがいを感じるのはそういう時なので、この話は長く私の記憶にとどまることになりました。そして、私はこのことから生命倫理において最も重要な原理原則の一つである「人間の尊厳」の根拠には、よく言われているように「自律性」や「自己決定能力」のようなものを置くのではなく、むしろ「苦悩」を置いた方がよいのではないかと考えるようになりました。そして、人間は格好よく自己決定ができるから尊いのではなくて、むしろなかなか決められずに苦悩する存在だからこそ尊いのではないかという考えを、ナチスの強制収容所から生還して有名な『夜と霧』を書いた精神科医ヴィクトール・フランクル（Viktor Frankl）の人間観に基づいて、練り上げられないかと考えるようになりました。フランクルは『苦悩する人間（Homo patiens）』という本も書いているのですが、この「パティエンス」というラテン語は、名詞としては「患者」を、形容詞としては「忍耐強い」ということを意味する「ペイシャント（patient）」という英語の語源だと言います。人間はそもそも病になって、苦悩する存在なのです。また、これは後で述べるように、人間を「生老病死」の苦を抱えた存在だと見る仏教の見方にも通じるものだと、私はしだいに思うようになりました。

問題がかなり広がってしまいましたが、話を元に戻すと、以前取り組んでいた戦争や差別の問題であれば、実際にそれらをなくすことが困難だという問題はありますけれども、戦争や差別などない方がよいに決まっているとは言えるでしょう。しかし、生命倫理の問題の場合には、どちらを選択したら正しいのかがそもそも分からない場合が多いのではないでしょうか。脳死・臓器移植の問題であれ、安楽死・尊厳死の問題であれ、人の「死」に関わる問題はどちらの選択が絶対に正しいとは言えない問題だと思いますし、また人工授精・体外受精や代理母といった生殖補助医療の問題や、胎児が障害を抱えているかどうかを調べる出生前診断の問題のような人の「生まれ」に関わる問題でも、やはりどちらの選択が正しいのかについて万人が合意できる答えが簡単に出るものではないと言ってよいでしょう。以上のような「生き死に」に関わる問題では、議論に付される種々の事柄について、そんなものはない方がよいともすぐには言い切れませんし、逆に誰でも求めるべきものだとも言い切れません。そういう自明ではない問題の前で苦悩するところに、生命倫理を学ぶ意義と面白さがあるということが言いたくて、以上の話をしたしだいです。

■繰り返される私の研究漂流――「死別の倫理」から「安楽死の日本文化論」へ

早稲田の人間科学研究科では、私は「死別の倫理――グリーフワークと喪の儀礼――」

という題名の修士論文を書きました。これは、死別による悲嘆を克服する個人の心理的作業であるグリーフワーク（grief work）と、死別による悲嘆の公的で宗教的・民俗的な表明である「喪の儀礼」（葬送儀礼）の、各々の意義と問題点、また両者の関係の検討を通して、死者と生者のあるべき関係を考えるというものでした。こうしたテーマは、私にとって仕事の延長で取り組めるものでしたので、比較的取り組みやすいものでした。また、この研究を通して、日ごろ行っている葬儀や法事の仕事の意味を考えるのに役立つテーマでもありました。この修士論文において私が論じたことを簡単にまとめておくと、それは次のようなことでした。

すなわち——もともと欧米で始まったグリーフワークの考え方は近代主義的なもので、人が親しい人との死別の悲嘆から立ち直るためには、故人との絆を早く断ち切って新しい関係に乗り出す方がよいというものだった。が、１９８０年代後半頃からアメリカでは今までのあり方を批判して、むしろ故人との「継続する絆（continuing bonds）」を大切にした方がよいという考え方を打ち出す研究者たちが登場し、死者からの生者の「自律」よりも両者の「関係性」の方を重視する方向へと「死別の倫理」の基本原則が転換してきた。

そこで、アメリカの研究者たちが注目したのが日本の葬送儀礼だった。彼らは日本へ調査に来て、日本は近代化された国であるにもかかわらず、死者との関係を簡単に断ち切るのではなく、いわば日常の中に仏壇のような「死者とのホットライン」を設けていることに注目した。また、通夜・葬儀から始まって四十九日・一周忌……と続く日本の念入りな葬送儀礼には、はからずもグリーフワーク（グリーフケア）の機能が無理なく文化的にインプットされていると考えて、それを高く評価した。ところが、アメリカでそのように高く評価され始めた日本の伝統的な儀礼が、当の日本では１９９０年頃から「葬送の自由」の名の下に簡略化され始め、さらに少子高齢化や個人主義化の進展によって葬送儀礼の伝統はますます衰退してきてしまった。そこで、この流れに歯止めをかけるために、葬送儀礼の原理原則としては「自由」よりも「人間の尊厳」、それも特に「死者の尊厳」を重視するという必要があるのではないか――というようなことを論じたのでした。

　こうした議論は、繰り返しになりますが、私の仕事に直結するものですから、日々の葬儀や法事の仕事を進める上でもとても参考になるものでした。なので、時には法事の後の法話や寺の学習会で紹介することもありました。ただ、私にとっては仕事に近すぎる議論でもあるせいか、例えばかつてその問題が分からないからこそ人権論に熱中した時のような新鮮さは、このテーマには私は感じませんでした。そして、そういうこともあったからですが、私は人間科学研究科の修士課程を修了した後も、人間総合研究センターの招聘研究員として研究を継続しましたし、また、人間科学部eスクール（通信教育）の教育コーチとして土田先生の講義のお手伝いも数年させていただきましたが、しだいに自分の研究を葬送儀礼の問題から、安楽死・尊厳死の問題へと変更するようになりました。そして、特に文学作品を通してその問題を考えることに関心を持つようになりました。土田先生のeスクールの授業では、受講生に対する読書感想文を出してもらう際に、森鷗外の「高瀬舟」や深沢七郎の「楢山節考」が課題図書の中には挙げられていましたし、また実際、生命倫理学においてはこれらの作品はよく引き合いに出されるものでもあったからです。が、私は、生命倫理学でこうした作品が引き合いに出される場合、往々にして御都合主義的に利用される場合が多いという問題性も感じていました。生命倫理の原理原則を説明する際に、こうした作品から都合のよい所だけをつまみ食い的に使うことが多く、作品そのものはあまり読まれていないのではないか、しかしそうした作品を使用する場合には、もっと文学的な研究の蓄積も確認しながら使うべきではないか、という問題を感ずるようになったわけです。

そこで、土田先生は既に定年退職されることになっていたという条件の中で、もしここから先に改めて博士課程に進むのであれば、どこか文学作品を通して生命倫理の問題を研究できる所に行きたいと私は思うようになり、早稲田の社会科学研究科で内藤明先生が日本文学を中心に日本文化論の指導をしておられるのが分かりましたので、その博士後期課程を受験し、２０１６年の４月から四度目の院生生活を送ることになったのでした。なぜ文学研究科ではなく社会科学研究科の方を選んだのかというと、私は文学論だけに特化して研究したいのではなくて、生命倫理の社会的・文化論的な側面について、文学作品を通して研究したいと思っていたからです。そのためには、人間科学研究科同様、「学際」を標榜している社会科学研究科に行った方がよいと思ったのです。

■社会科学研究科で博士論文を提出するまで――「安楽死の日本文化論」

から「現代の生老病死」へ

社会科学研究科に入ってから、当初私は「安楽死の日本文化論」というようなテーマの下で、安楽死・尊厳死に関わる文学作品をリストアップして順に読んでいました。森鷗外の「高瀬舟」（１９１６）と深沢七郎の「楢山節考」（１９５６）には既に触れましたが、その他に私が目を通した作品のうち、有名な作家のものや映画・テレビドラマになったものを年代順に列挙すると、次のようなものがあります。遠藤周作「悲しみの歌」（１９７７）、渡辺淳一「神々の夕映え」（１９７８）、佐江衆一「老熟家族」（１９８５）、南木佳士「山中静夫氏の尊厳死」（１９９３）、大西巨人「迷宮」（１９９５）、帚木蓬生「安楽病棟」（１９９９）、朔立木「命の終わりを決めるとき」（２００５→「終の信託」２０１２）、吉村昭「死顔」（２００６）、海堂尊「螺鈿迷宮」（２００６）、仙川環「無言の旅人」（２００８）、久坂部羊「神の手」（２０１０）などです。これは関連する作品をすべて網羅したものではありません。ここには「純文学」と言われるものも「ミステリー」に属するものも一緒に入っていますが、傾向として言えば、新しくなればなるほど、ミステリーの舞台装置として安楽死が用いられるといったものが増えてきているように思います。ですから、新しいものほどストーリーは手の込んだものになってきているのですが、人の「生き死に」の問題として安楽死を問う場合には、今でも鷗外の「高瀬舟」に立ち返って考えざるを得ないということがあるのではないかと思います。

ただ、このような研究をしている一方、やはり光西寺の学習会では常にこうした研究を仏教とどう関連づけるかを考えざるを得ないということが、たびたびありました。また、光西寺では、以前から「映画で学ぶ生老病死」という名で映画会を開催しており、毎月、生老病死について考えるのに適した映画を見て、話し合いをするということもしていました。そして、そのような中で私の研究の方向を決定づけたのが、生家である正雲寺の同朋会公開講座で生命倫理の話をする機会を得たことでした。

実は２０１０年頃から生家では、兄と甥（兄の息子である寿台順章）の間に生じた寺と幼稚園・保育園をめぐる対立が非常に激しいものとなって、私は兄から甥に対する不満や批判を聞く機会が増えました。また、２０１６年頃には高齢になった母がホームに入所し、その後２０１８年に脳出血で倒れてついに寝たきりになったことから、私は月に一度は名古屋に行くようになっていました。そんな中で私はかつて出て来た正雲寺の顧問になることを要請され、それをきっかけにして同朋会の公開講座で話をする機会も得ることになったわけです。それで、２０１９年10月22日、２０２０年1月21日、２０２０年7月21日の三回、正雲寺で話をしました。そのうち最初の二回は「歎異抄」の話で、それが『批判的に読み解く『歎異抄』』という本になり、最後の三回目の話が「現代の生老病死――引き延ばされる老・病・死と操作される生――」と題されたもので、それが『現代の生老病死を考える』という本の「第１部　信仰の場における生命倫理」になっているわけです。

第１章で述べたように、かつて喧嘩別れをして出て来た生家の寺で、30年も経って以上のような機会を得たことは、もう生家で話すことなど永遠にないだろうと思っていただけに、私にとって本当に感慨深いものでした。そこで、私はこれを契機にして、それまでは安楽死の問題だけに限定していた博士論文のテーマを、「現代の生老病死」全体を視野に収めるものに変更することにしたのでした。

そう思って調べてみると、生命倫理に関連する医療・看護や介護関係の本には、「生老病死」というタイトルを冠するものが多いことが分かりました。ただ、それらの本は概してこの言葉を、いわば使い勝手のよい「ライフサイクル」として使用しているのでした。が、「生老病死」はもともと仏教に由来する言葉ですから、仏教的な意味に沿って使用する必要があります。その場合には、この言葉はまず仏教の根本教説である「四諦」の第一に挙げられた「苦諦」として述べられたものであることを確認することが大事です。四諦とは、この世はすべてが苦であるという真理（苦諦）、苦の原因は渇愛（執着）にあるという真理（集諦）、渇愛が完全に捨て去られた状態が苦を滅した悟りの世界であるという真理（滅諦）、そして滅諦に至るためには八正道の修行方法に依るべきであるという真理（道諦）で、八正道とは、正見（正しい見解）・正思（正しい思惟）・正語（正しい言葉）・正業（正しい行い）・正命（正しい生活）・正精進（正しい努力）・正念（正しい思念）・正定（正しい精神統一）という八つの実践徳目のことです。

ちなみに、「生・老・病・死」の四つの苦に加えて、嫌な人と一緒にいなければいけない苦しみである「怨憎会苦」、愛する人と別れる苦しみである「愛別離苦」、求めるものが得られない苦しみである「求不得苦」、そして人間存在が総じて苦であるということを表す「五蘊盛苦」の四苦を合わせて「八苦」になりますので、それで「四苦八苦」と言うわけです。「五蘊」とは「色受想行識の五つの集まり」という意味で、肉体を意味する「色」、苦・楽などの感受作用を表す「受」、対象を思い浮かべる表象作用を示す「想」、対象に対する意志の作用を指す「行」、そして物事の認識・識別の作用である「識」でもって人間存在を表現する言葉です。その五蘊から盛んに生ずる苦が「五蘊盛苦」なので、それは「人間存在は総じて苦である」という意味になるのです。

それからもう一つ、「生老病死」という言葉は、仏教の「縁起」という考え方を示すものだと言うことができます。詳しいことはここでは省きますが、縁起というのは「生老病死」の苦がどのようにして生起するのか、また人はどのようにしてそうした苦から解放されるのかを示すものです。縁起として考えることによって、「生」「老」「病」「死」の四つは、単に並列的に並んでいるのではなくて、「老病死」の苦がなぜ生ずるのかというと、それは「生」があるからである（「生」に縁って「老病死」の苦が起こる）という因果関係を表すものだという意味をもつことになるわけです。

「生老病死」がライフサイクルとして単に「生」の次に「老・病」が来て、「老・病」の次に「死」が来ると捉える限り、この四つは個々別々にあるものとして考えられる傾向があると思いますが、これを「生→老病死」という因果関係で捉えることによって、互いを関係づけることができるようになるのだと私は思います。従来、生命倫理学では例えば生殖補助医療の研究と安楽死の研究とが結びつけられることは、あまりなかったと思いますが、それは「生」と「死」の問題が別々に扱われていることを意味すると思います。そこに縁起の考えを導入することによって、「生」と「老病死」の問題を関連づけることが可能になる、ということがあると思うのです。

そこで私は、以上のような「苦諦」と「縁起」という考え方を現代に応用し、現代においてはどのような「老病死」の苦があるのか、そしてどのような「生」のあり方が「老病死」苦の因として見ることができるのかを明らかにすることを通して、「仏教的生命倫理学」を確立したいと思うようになったわけです。今ここではその結論的なところだけを述べておくことにします。

「現代の老病死」には、医療や福祉の発達などによって、老から死、病から死へのプロセスが非常に長くなっているということがありますが、本来なら喜ぶべきこの事柄が、まるで困ったことであるかのように語られているという問題があると思います。が、そのように「引き延ばされる老病死」の苦が起こっている因は何なのかということを考えていくと、「現代の生」が優生思想に基づいて操作されようとしているということに行き着くのではないかと思います。例えば、胎児がダウン症などの障害を抱えているかどうかを検査する「出生前診断」が、最近では血液だけで検査できて精度も高い新型出生前診断（ＮＩＰＴ＝non-invasive prenatal genetic testing）の登場によって、日本でも普及しつつあるようで、そうしたところに優生思想の広がりが見られるわけです。が、現代の優生思想は「リベラル優生学」と言って、かつてのナチスの断種法やそれを倣って国民優生法を作った戦前の日本のように国家によって強制されているのではなく、人々が自由に選択しているわけだから問題ないという主張もなされていて、なかなかその善悪が判断しにくいものになっているのではないかと思います。そして、この「善悪」の判断が難しくなっているところには、実は時代の支配的な価値観が現代では「善悪」よりも「優劣」になっていて、現代人は「優秀でありさえすれば悪でも構わない」と考える傾向があるという問題が、その根っこにはあるのではないかと私は思っています。

このように、始まりから優秀であることが求められるようになると、やはりしだいに劣っていくことが免れない人の晩年が、より苦しいものにならざるを得なくなると思うのです。現在、最期は寝たきりになどならずに「ピンピンコロリ」と逝きたい、ということがよく言われるようになっていることや、世界的に安楽死願望が高まっていることは、そのためだと考えられるのではないでしょうか。要するに、優生思想に基づいて「操作される生」に縁って「引き延ばされる老病死」の苦が起こっている、と言えるのです。

私が最初にこうした考えを持つに至ったきっかけが、正雲寺同朋会の公開講座での話だったのですが、その後、私はいろいろなところでこの考えを話したり、書いたりすることを経て、最近、博士論文としてこれを詳しくまとめて書くに至りました。特に博士論文では、「生」「老」「病」「死」に各々1章を当て、各章において関連する近代日本の文学作品を取り上げて、それらの作品にどのようにして生老病死の因果が表れているのかを検討しました。従って、博士論文には「仏教的生命倫理学試論――近代日本の文学作品に見る生老病死の因果――」という題名を付けました。

幸いこの論文は既に最終審査も終わって、私はやっと博士の学位を取得することができました。私のように「研究漂流」を重ねた者がこうして約30年にも及んだ院生生活に何とか一区切りをつけることができたのは、私の迷いに実に辛抱強くお付き合い下さった内藤先生に御指導いただいたおかげです。従って、内藤先生には改めて感謝の意を表したいと存じます。

さらに内藤先生からは、論文作成の過程で、今後も問い続けるべき課題までお示しいただきました。私自身、私の書いた論文に満足しているわけではないということもあります。そこで、私の論文にどういう問題があると私が感じているのかについて、後ほど今後の研究生活について記すところで述べることにしたいと思います。

■母の死――現代人は肉体の死の前に社会的な死を迎える

本章の最後に、昨2022年7月18日に母が91歳で亡くなったことについて述べたいと思います。第1章で私は最終的には母から「出て行ってくれ」と言われて、生家である正雲寺を離れたということを述べました。だからその後、母とはしばらく連絡をとることもありませんでしたが、離婚調停の頃だったか議員秘書になって再び東京に来た頃からだったか、少しずつ必要があれば連絡を取り合うようになりました。私は父の遺産の相続分をすべて慰謝料及び養育費として前妻に渡しましたが、それほど多額なものではありませんでした。そういうことも考慮したのか、母は黙って二人の男の子のために貯金をしてくれていました。１９９８年に鎌倉で私が前妻及び二人の子に最後に会った時、実は私の母も同席したいと言って鎌倉にやって来ました。その時、母は私の手を経ることなく、前妻にその貯金を直接渡したかったようなのです。或いは、私を信用していなかったのかもしれません。が、とにかくそんなわけで、以前は何かというと対立ばかりしていた母でしたが、その時ばかりは涙が出るほど有難いと感じました。

母は２０１８年10月に左脳の脳出血で倒れて寝たきり生活となり、口も聞けなくなりました。が、まだ回復の余地もあるということで、胃ろう造設の手術を受けました。２０１９年春に土田先生のゼミ生が集まって読書会が行われた時、私が近況報告として母のことを述べると、土田先生から「スピーチセラピスト（ＳＴ＝speech therapist）は入れているの？」と聞かれました。その問いを私は、単に「延命」のためだけの胃ろうであれば問題ではないかと受け取りましたので、その後名古屋に行った際に兄にそのことを話し、主治医の先生とも会って、週二回のペースで言語聴覚士（ＳＴ）の方に来ていただくことになりました。それで私は、ＳＴの方が来られる日に合わせて、月一回の母の見舞に行くことにしておりました。

ところが、２０２０年に入ると「コロナ禍」と言われる状況になって、母との面会が一切できなくなってしまい、まったく顔も見ないまま二年数か月が経ちました。それでも、危篤状態に陥る頃には連絡が来て会うことができるというので、急いで名古屋に向かいましたが、東京駅で新幹線に乗ろうとしていたら、携帯に連絡が入り「今、息を引き取られました」と聞くことになりました。なので、二年数か月ぶりに対面した母は既に遺体になっていたのでした。

こうした母の最期を通して私は、「死の社会学」で有名なイギリスのトニー・ウォルター（Tony Walter）が言っていたことを想い起こしました。死にゆく人が病院に隔離されるようになった近代においては、「社会的な死（social death）」の方が「肉体の死（physical death）」よりも先にやってくると、彼は書いていたのです。戦後正雲寺に嫁いできた以後の母の人生は、父の幼稚園・保育園経営を支える意味で、そのほとんどを園長として過ごしたものだっただけに、高齢になってからはいろいろ問題があったとしても、園長の地位を半ば強引に奪われ、甥（母から見れば孫）に園の運営全体を譲って、一人ホームに追いやられた揚げ句、最期はコロナ禍で誰にも看取られることなく亡くなった母の死は、まさにウォルターが言う通りのものではないかと思ったのです。

人の死には一人称（私）と二人称（あなた）と三人称（彼・彼女）の死があるところ、人の苦悶の源泉である一人称の死と、自分には無関係な単なる他人である三人称の人の死の間にあって、親しい二人称の関係にある人の死こそは、ほとんど自分の死と同じだけ胸を引き裂くものであるだけに格別な意味を持つものであり、この体験を通してはじめて私たちは一人称の死を考えることができるようになる、ということを言ったのはフランスの哲学者ウラジーミル・ジャンケレヴィッチ（Vladimir Jankélévitch）でありますが、仕事柄このコロナ禍において門徒さんからも同様の体験を聞くこともありながら、私は自分の母の死を通してはじめて、門徒さんたちも同じ体験をしておられるのではないかということが、分かる気がしてきました。

最後に、現在私は光西寺の生活の中自体に、家族の「老」と「病」に関わる事態を抱えています。が、これについては現在進行形の問題なので、まだ具体的な話を詳しく述べることはできません。ですから、今は「死」に限らず「生老病死」の全体にわたって、二人称の関係から学ぶことの大きさということを痛感しているということだけを述べて、私の現時点での自分史の話を終えたいと思います。

おわりに――今後の研究生活について

私は２０２１年12月に住職を後継者（渡邉頼陽）に譲りましたので、現在光西寺では「前住職」という立場になっています。実際に行う法事・葬儀といったお参り事や寺の学習会などの催しに関しては、私が住職で頼陽が副住職の時代とそれほど変わる点はありませんが、寺の会計をはじめとする運営の責任を負ってもらったことによって、気はだいぶ楽になりました。とにかく、文字通りしっかりと後を継いでくれていて、安心して任せられるので、彼には本当に感謝しています。こういうことは面と向かっては言いにくいことなので、敢えてここに記しておきたいと思うしだいです。

さて、前住職となっても私は、寺では「仏教と生命倫理」の学習会を継続しています。昨２０２２年度は、生命倫理の諸問題を「生老病死」の枠組みで整理して概観するということをしましたが、２０２３年度はそこからの発展として「仏教の生命観」というテーマで、関連する論文を読んだり、参加者各自に生命倫理に関して気になっている問題を提起してもらって議論したり、ということをしています。この学習会は今後も継続していく予定です。

それから、今後の研究生活として最も重要なことは、私の博士論文から得た課題をどのように展開すべきかを考えることです。先に私は自分が書いた博士論文に満足していないということを記しましたが、それは次のようなことです。

私の博士論文は前記のように、生命倫理学において比較的よく引き合いに出される文学作品を研究対象にして、仏教と生命倫理を関連づけようと試みたもので、最初に研究の意義を述べる序章に続けて、生・老・病・死に（但し、病・老・死・生の順で）各々1章を当てて、各章で2・3の関連する作品を取り上げて検討したものです。が、これを書き上げてから、喩えてみるならば、私はいわば「生」「老」「病」「死」についての4つの独立した「オムニバスドラマ」を書いたにすぎないのではないか、と思うようになりました。これが、私が自分自身の論文に感じている不満です。そして曲がりなりにも博士論文と言う以上は、もっと壮大な「大河ドラマ」のようなものを書かねばならなかったのではないか、と今になって思っているのです。そこで、今後はもっと真にライフワークと言えるような研究をすることを目指して、精進していきたいと思っています。

そこで、そのようなライフワーク的な研究として、私は生命倫理の勉強を始める前に考えていた前記の「人権と仏教」というテーマに戻るべきなのか、それとも、博士論文の過程で得た「森鷗外と仏教」というテーマを究めるべきなのか、どちらにしようかと迷っています。が、なかなか選択できないので、気力・体力が許す限り、これらのテーマを順番に両方とも行うことにしたいと思っています。そして、今回私が得た学位は「博士（社会科学）」というものですが、これからさらに何らかの形で（必要ならば、またどこかの大学院に入り直して）「博士（法学）」と「博士（文学）」の学位を得ることを目標にしたいというようなことを思っています（これはあくまで、現状で満足してしまうことなく、さらに前進するための「目標」に過ぎませんが）。

さらにもう一つ、今書いているこの「自分史」ということ自体を今後の研究テーマとすることはできないか、ということも考え始めました。この言葉は、１９７５年に出された歴史家・色川大吉の『ある昭和史――自分史の試み――』（中央公論社）によって初めて使用されたとされていますが、その後何人かの人によって「自分史研究」に関する論考も積み重ねられていますし、また「自分史の書き方」といった実践的な問題を記す本も多く出されています。ＮＨＫ学園や各自治体などで自分史講座も盛んに行われてきました。そこで私は自分史に関するそうした研究と実践を踏まえつつ、それを生命倫理の問題と結び付けられないかと思っています。

それについて今私が思っていることは、近年、生命倫理関連の集まりにおいて盛んに議論されてきたアドバンス・ケア・プランニング（advance care planning=ACP）の取り組みの中に自分史を取り入れられないかということです。ＡＣＰとは、終末期に近づくことに伴う人の判断能力の低下に事前に備える意味で、自らが望む医療やケアの意向を、本人が家族や医療者と共に継続的に話し合っていくプロセスであるとされていますが、これはこれに先行したリビング・ウィル（living will）や事前指示書（advance directives）の課題を克服するものとして出てきた取り組みです。どういうことかというと、終末期に備えていわゆる延命治療をしないで欲しいといった事前指示書などをいくら作成しておいても、いざとなると本人の望み自体が変わってしまうこともあるといったことや、そうした文書を法制化しているアメリカなどでも実際の利用率はそれほど高くないといったことから、単なる書面作成で済ますのではなく、むしろ関係者がもっと問題を包括的に話し合うコミュニケーションこそが重要であるという意味で出てきたのがＡＣＰだと言われているわけです。

しかし、ＡＣＰと言っても一般の人には何のことか分かりにくいので、そこで厚生労働省は親しみやすいものにするために愛称を募集して、その結果、ＡＣＰを「人生会議」と呼ぶことになったという経緯がありました。が、そのような名の下での取り組みは、単に医療や介護の専門的な事柄だけにとどまることなく、人が死すべき存在であることを見据えつつ人生全体の問題を考え得るものにする必要があると思います。そして、そう考える時、自分史をＡＣＰに取り入れる意味が出てくるのではないかと私は思っています。特に中高年の人たちが「生涯学習」として自分史を書くという行為には、「生き死に」の問題を考えながら自分の人生を振り返って、自分とはいかなる存在なのかという哲学的な問いをもって「内なる自己との対話」を重ねるという意味がある、ということが言われています。「人生会議」というものがもし本当に成り立つとするならば、単に終末期の医療や介護の実践的な問題の取り決めに終始するのではなく、一人一人の人が自分の人生を振り返ってみることを促す場であることが求められるのではないかと思うのです。

今後の研究生活で私が行いたいと考えていることは以上です。ただ、以上のようなことが本当にできるかどうか分かりません。それに加えて、以上の他にもまた研究してみたいことが出てくるかもしれません。このように、私の漂流は研究に関する問題だけを取ってみても、まだまだ終わりにすることはできないものなのです。

あとがき

まえがきに記したように、私は本書を出発点として、今後も自分史を書き続けていきたいと考えています。その際、私は例えば今回は素描だけにとどめた「活動」や「研究」のさらなる詳細を記したり、「引っ越し編」として私の18歳から42歳までの25回にも及んだ引っ越しの一々の顛末について記したり、或いは、「恋愛編」として人生を決定づけたようないくつかの出会いの思い出に浸りながら、その体験を問い直してみたりしていきたいと思っています。

が、このようにいろいろなテーマがあり得ると思いますが、やはり順当に考えるならば、次は「漂流記――１９７０年代　青春の蹉跌」とでも題して、中学・高校・大学時代のことを書くべきではないかと思っています。今回は「前史」として簡単に通り過ぎてしまった時代のことですが、まだ何も定まらないまま模索していたこの時代は、やはり恥ずかしいことだらけであるだけに、真に懐かしい気がする時代だからです。ただ、その時代を書くにはそれなりの準備が必要ですので、今ここには少し私の引っ越し歴について記すことで、本書を閉じておきたいと思います。

実は25回も引っ越ししたと言っても、ほとんど首都圏・近畿圏及び名古屋圏という三大都市圏の中とその周辺をグルグル回っていただけなのですが、それでも一回一回の引っ越しにはそれなりに理由がありましたので、それを詳しく書いていけば、それだけでもかなりの分量になると思います。でも、それだけでは人様に読んでいただくような代物にはならないでしょう。そこで、私は自身の一回一回の引っ越しの歴史と同時代史を絡めてモノを書くことができないか、というようなことを考えています。

例えば、私は今も時々時間がある時に、昔を懐かしむ気持ちが湧いて、以前いたことのある町に行くことがあります。ところが、かつてのアパートが無くなって別の建物になってしまっていることも多いですし、町全体が変わってしまい住んでいた場所がどこだったのかさえ、さっぱり分からなくなってしまっていることもよくあります。そんな時、私はどうしてこんなに変わってしまったのだろうかと思い、できたら数日そこに留まってじっくり考えてみたいと思いながら、そんなことをしている時間もないので、後ろ髪を引かれる思いでその町を後にするということもあります。が、もう少し年を取って、ほとんど仕事の役になど立たなくなったけれど、身体だけはまだ動くようであれば、本当にそんなことをしてみたいという思いが、私にはあります。そして、そのようにある町にとどまって、一定の期間すごしてみたら、その町がどういう経過で変わってしまったのかが見えてこないか、さらにそこからその町の歴史だけでなく、そこにその都市圏全体や日本全体、或いはもっと大きく世界的な物事の流れが映し出されてくるというようなことはないだろうか、などと思ってみたりするのです。そんな風に物事をつなげていくことが可能であれば、私一人のちっぽけな引っ越しの体験を記すことにも、何がしか意味が出てくるかもしれない、などと思ったりするのです。

このようなことは言うは簡単ですが、そもそも不可能なことなのかもしれません。が、こんな馬鹿げたことを真に受けて、私の漂流旅に同行して下さるような人が現れれば、私としては大歓迎です。もしそんな人が現れたら、私もその人の考えている可笑しな旅に付き合いたいと思います。一人では挫折してしまいそうでも、複数で行えば、お互いの自分史を実りあるものにしていけると思うからです。そんな提案をしたくて、このあとがきを記しました。

後は御縁のままに、と致しましょう。南無阿弥陀仏　順誠

著者略歴

寿台　順誠（じゅだい・じゅんせい）

１９５７年、真宗大谷派正雲寺（名古屋市中川区）に生まれる。

１９８１年３月、早稲田大学第一文学部ドイツ文学科卒業後、僧侶として正雲寺に勤務するかたわら１９８２年４月、同朋大学文学部仏教学科に編入学して仏教（浄土真宗）を学ぶ。

１９８４年３月、同大学卒業後、関西のいくつかの寺院に勤めながら靖国問題・部落差別問題等に関する仏教者としての社会的諸活動を経て、１９９０〜１９９３年、参議院議員翫正敏（当時）の公設第一秘書を務め、平和と人権に関わる諸問題（ＰＫＯ・戦後補償等）に関わる。

秘書辞任後、１９９４年４月、横浜国立大学大学院国際経済法学研究科修士課程において国際関係法を学び（１９９７年３月、同大学院修了）、１９９８年４月からは一橋大学大学院法学研究科博士後期課程において憲法を学ぶ（２００７年３月、同大学院退学）。また、この間、１９９９年には浄土真宗本願寺派光西寺に入寺（真宗大谷派から浄土真宗本願寺派に転派）、２００１年に同寺住職に就任、「学びの場」としての寺作りを模索してきた。２０２１年12月、後継に住職を譲り、現在は同寺前住職となっており、今後は一個人として思想信仰の問題を究めたいと思っている。

さらに最近では、２０１１年４月より早稲田大学大学院人間科学研究科修士課程においてバイオエシックス（生命倫理）を学び（２０１４年３月、同大学院修了）、２０１６年４月からは早稲田大学大学院社会科学研究科博士後期課程において日本文化論を学んだ。

（光西寺ホームページ：http://www.kousaiji.tokyo/）

漂流記《ひょうるき》
私の活動と研究の素描

2024年6月30日発行

著　者　寿台順誠
発行者　向田翔一

発行所　株式会社22世紀アート
〒103-0007
東京都中央区日本橋浜町3-23-1-5F
電話　03-5941-9774
Email: info@22art.net　ホームページ：www.22art.net

発売元　株式会社日興企画
〒104-0032
東京都中央区八丁堀4-11-10 第2SSビル 6F
電話　03-6262-8127
Email: support@nikko-kikaku.com
ホームページ：https://nikko-kikaku.com/

印刷
製本　株式会社PUBFUN

ISBN：978-4-88877-299-0